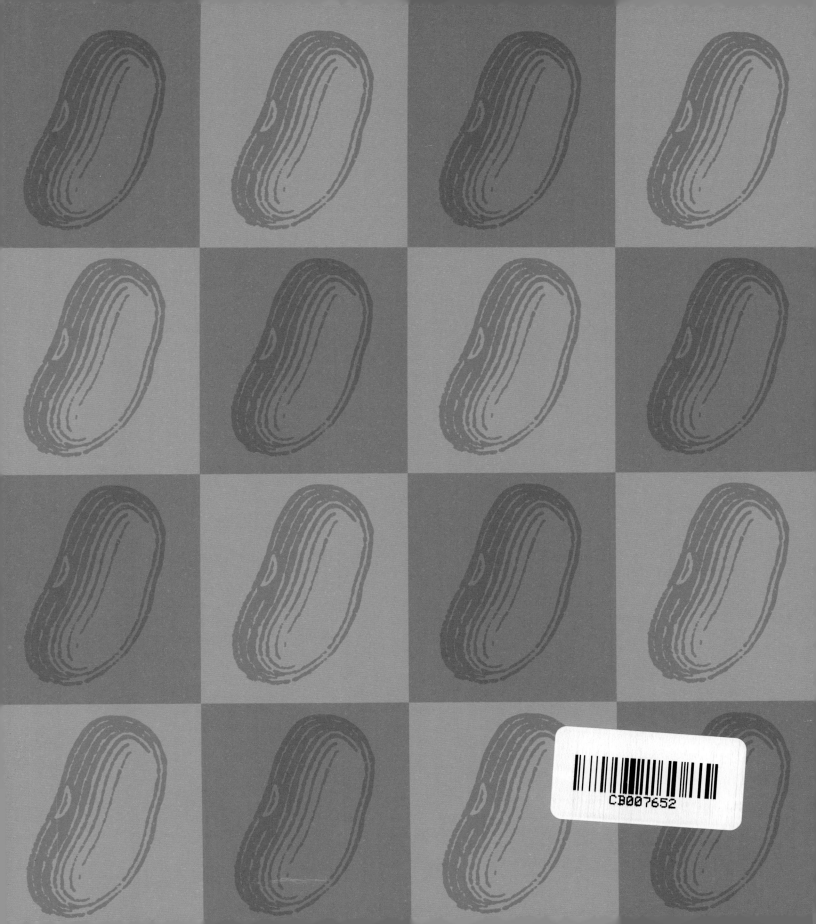

*Aromas e Sabores da Boa Lembrança*

# Feijão

## Aromas e Sabores da Boa Lembrança

3ª EDIÇÃO

# Feijão

TEXTO
*Danusia Barbara*

FOTOS
*Sergio Pagano*

Aromas e Sabores da Boa Lembrança – *Feijão*
© Associação dos Restaurantes da Boa Lembrança
e Danusia Barbara (texto).

Direitos desta edição reservados ao Serviço Nacional
de Aprendizagem Comercial – Administração Regional
do Rio de Janeiro.

Vedada, nos termos da lei, a reprodução total
ou parcial deste livro.

SENAC RIO
*Presidente do Conselho Regional*
ORLANDO DINIZ

*Diretor Regional*
DÉCIO ZANIRATO JUNIOR

EDITORA SENAC RIO
Avenida Franklin Roosevelt, 126/604
Centro – Rio de Janeiro – RJ – CEP: 20.021-120
Tel.: (21) 2240-2045 – Fax: (21) 2240-9656
www.rj.senac.br/editora

*Projeto editorial*
ASSOCIAÇÃO DOS RESTAURANTES DA
BOA LEMBRANÇA E
ANDREA FRAGA D'EGMONT

*Coordenação técnica e receitas*
ASSOCIAÇÃO DOS RESTAURANTES DA
BOA LEMBRANÇA

*Editora*
ANDREA FRAGA D'EGMONT

*Texto*
DANUSIA BARBARA

*Concepção fotográfica, fotos e food style*
SERGIO PAGANO

*Produção das receitas*
ASSOCIAÇÃO DOS RESTAURANTES DA
BOA LEMBRANÇA

*Assistente de fotografia (Rio e São Paulo)*
DANIEL MARTINS PINHEIRO

*Ilustrações*
AXEL SANDE

*Design*
VICTOR BURTON

*Designers assistentes*
ANA PAULA BRANDÃO, ANGELO ALLEVATO
BOTTINO E MIRIAM LERNER

*Pesquisa*
DANUSIA BARBARA

*Coordenação editorial*
CYNTHIA AZEVEDO

*Assistente editorial*
ADRIANA ROCHA

*Coordenação de produção*
JOSÉ JARDIM

*Assistentes de produção*
ANDRÉA AYER E
KARINE FAJARDO

*Versão*
CENTRO DE IDIOMAS DO SENAC RIO
/ MC TRADUTORES

*Padronização das receitas*
CENTRO DE TURISMO E HOTELARIA
DO SENAC RIO / ADRIANA REIS

*Indicação de vinhos*
GUILHERME CORRÊA (*Sommelier*)

*Revisão*
KARINE FAJARDO

*Impressão*
PANCROM
*1ª edição*
AGOSTO DE 2002
*2ª edição*
DEZEMBRO DE 2003
*3ª edição*
MARÇO DE 2006

*Comercial*
COMERCIAL.EDITORA@RJ.SENAC.BR

---

B229f
    Barbara, Danusia
        Feijão/Texto Danusia Barbara; fotos Sergio Pagano. –
    3.ed. Rio de Janeiro: Editora Senac Rio, 2006.
        176p.; 22 x 25cm. – (Aromas e Sabores da Boa Lembrança; v.2)

        ISBN: 85-87864-19-X

        1. Culinária. I Pagano, Sergio. II. Título. III. Série.

                                          CDD: 641.5

É motivo de satisfação para o Senac Rio reafirmar a parceria com a Associação dos Restaurantes da Boa Lembrança neste projeto editorial que conta com a participação de renomados e criativos *chefs* de todo o Brasil. Uma obra como esta proporciona a estudantes de gastronomia, profissionais do setor e amantes da boa comida em geral não só o prazer de preparar receitas deliciosas e exclusivas, mas também a inspiração para desenvolver seu potencial criativo.

A área de gastronomia é uma das prioridades do Senac Rio por refletir uma vocação natural do Estado, que hoje se constitui em um dos pólos gastronômicos do País, abrigando grandes *chefs* e suas cozinhas. Nosso trabalho, desenvolvido por meio do Centro de Turismo e Hotelaria, tem sido o de oferecer um leque de soluções educacionais e serviços para indivíduos e organizações sintonizados com a evolução, as necessidades e tendências do mercado.

A coleção *Aromas e Sabores da Boa Lembrança*, à qual é agora acrescentado um dos ingredientes mais apreciados do Brasil, o feijão, é mais uma dessas iniciativas. Aos parceiros e colaboradores, nosso agradecimento. A todos, um bom apetite!

Orlando Diniz
Presidente do Conselho Regional do Senac Rio
Agosto de 2002

Era uma vez um alimento antiqüíssimo, delicioso, versátil, capaz de agradar a quaisquer seres. Cruzou fronteiras, atua em todas as culturas, sacia fomes e ausências, é barato, exige pouquíssimo entre seu semear, colher e saborear. Cheio de aventuras e simbologias, oferece diversidade de cores, gostos e charmes. Fonte de nutrição e saúde, nos permite ainda citar o cientista Albert Einstein, que dizia "faça tudo o mais simples, não o mais fácil possível".

Pois o feijão, da família das leguminosas de grão, é o astro que nos conduz neste segundo volume da coleção *Aromas e Sabores da Boa Lembrança*. Percorrendo pratos e receitas as mais variadas, ele se revela simples, mas não o mais fácil. É preciso conhecer seus segredos para melhor apreciá-lo. Elemento básico na alimentação do brasileiro e de muitos outros povos, o feijão proporciona uma viagem ao redor do mundo e a constatação tranqüila de que ele é simples e divino.

Contamos neste livro a saga do feijão através dos tempos, suas curiosidades e proezas. E apresentamos as receitas fornecidas pelos 68 membros da Associação dos Restaurantes da Boa Lembrança em todo o Brasil. São muitas e tentadoras. A seleção serve como um intróito a tudo de bom e melhor que o feijão sabe dar. Agora é saborear. Façamos a festa!

Danio Braga
Presidente da Associação dos Restaurantes
da Boa Lembrança
Agosto de 2002

# Sumário

10 *Feijões para que vos quero...*
   DANUSIA BARBARA

32 *Entradas & Acompanhamentos*

68 *Massas & Grãos*

90 *Peixes & Crustáceos*

116 *Aves & Carnes*

138 *Sobremesas*

153 *Dicas*

154 *Glossário*

156 *English Translation*

# Danusia Barbara

# Feijões para que vos quero...

Para falar de comida, sensações, lembranças, brincadeiras, delícias, sexo. Para aprender mais sobre o mundo, a natureza, o ser humano. Para fazer pratos diferentes, para abrigar-me no aconchego das tradições e valores. Para saber de generosidade.

Das muitas qualidades do feijão, talvez a básica seja esta: é um alimento generoso. Enriquece a terra onde é plantado, alimenta de maneira quase completa (vitaminas, proteínas, minerais), inibe o aparecimento do câncer e doenças cardíacas, ajuda a baixar o colesterol e o nível de açúcar no sangue,

combate a anemia. Útil até na fabricação de cosméticos, prescinde de fertilizantes, exige poucos cuidados, é economicamente atraente: um punhado de grãos alimenta uma família ao preço mais barato do mercado. Mas há algo mais. Hoje o feijão ampliou seus domínios, mudou de imagem, não é mais "coisa de pobre". Tornou-se *fashion*.

Suas cores, tipos e variedades de todos os matizes e gostos fazem a festa nos restaurantes sofisticados e luxuosos. Há os rajados, os cremosos, os pretos, os brancos, os vermelhos, os malhados, os verdes, os amarelados, os marrons, os pequeninos, os grandões. Os que vêm da Índia, os que saem do Japão, os que se encontram no Oriente Médio, os que abundam na África. Num mundo onde todos correm, praticam exercícios, pulam obstáculos, buscam o saudável e o ecológico a todo custo, o feijão é o grande *superstar*.

Satisfaz quem precisa comer como um trabalhador braçal ou quem é passarinha elegante. Duvida que o feijão esteja na moda? Repare o *glamour* que existe ao saborear sorvetes, canapês, caçarolas ou até um safári de feijões (nome de um prato servido nos safáris do Quênia, vide receita na p. 29). Percebeu o gosto (leve) de cogumelos que existe no feijão-preto? Mas nunca abra mão da feijoada de lei, do feijão-tropeiro, do acarajé, do abará, do feijão de Santarém chegando fresquinho de Belém. Enfim, não se afaste do aconchegante gosto do já conhecido e tradicional, passado de pai para filho, neto, bisnetos, tetranetos. Contemporânea, clássica, tradicional ou moderníssima, as cozinhas se confraternizam ao redor do feijão. E curtem até os detalhes mínimos, como os apelidos:

*O colorido dos feijões: o grão tornou-se* fashion.

ACIMA, À DIREITA:
*Fava: pelo rigor científico não é considerada feijão.*

PÁGINA AO LADO:
*A mundialmente famosa feijoada brasileira.*

sabia que o feijão carioquinha recebeu este nome por conta do desenho em ondas de sua casca, semelhante ao do calçadão da praia de Copacabana?

    Não há como resistir ao cálido cheiro do feijão sendo cozido. Vai-se insinuando, vira tentação (como na história da Baratinha e de Dom João Ratão, que caiu na panela de feijão). O *design* é singelo, puro, *clean* total. O sabor é capitoso, um manancial que excita, alegra e vitaliza conforme a receita. Os grãos aumentam de tamanho de duas a três vezes depois de cozidos de acordo com a finalidade: tempo mínimo para saladas, médio para guarnições e assados, longo para sopas e purês. Em resumo, charme e eloqüência substantiva não lhe faltam. Cada variedade (*azuki*, preto, frade, *borlotti*, pinto, encarnado, mungo, *cannellini* etc.) tem sua marca indelével, a sutil diferença. Sem ser temperamental, castiga quem não respeita seus truques e segredos na hora do preparo: malfeito, pode causar flatulências (para evitar, troque a água da primeira fervura).

É amigo fiel. Nos acompanha e nutre há milênios, espalhado por todos os cantos da Terra. Há muitas espécies e algumas confusões acerca dos feijões e de seus parentes próximos, como a soja, o grão-de-bico, a lentilha, a ervilha, a fava. Do ponto de vista botânico, são todos da mesma família, a das leguminosas. Mas cada um desses grãos pertence a gêneros e espécies diferentes. Nem sempre o que chamamos de feijão é mesmo feijão. Veja o exemplo do feijão-de-corda. Recebe esse nome por espalhar-se que nem corda, trepadeira que se refestela por outros cultivos como o milho, por exemplo. É feijão pela *vox populi*, mas outro gênero segundo a visão científica.

Algumas das principais leguminosas de grão conhecidas no Brasil e seus respectivos nomes científicos, segundo a Empresa Brasileira de Pesquisa Agropecuária (Embrapa):

| Nome Comum | Nome Científico |
|---|---|
| Feijão | *Phaseolus vulgaris* |
| Feijão-de-corda | *Vigna unguiculata* |
| Feijão-de-lima | *Phaseolus lunatus* |
| Ervilha | *Pisum sativum* |
| Lentilha | *Lens culinaris* |
| Fava | *Vicia faba* |

Leguminosas de grão são plantas da família *Leguminosae* (= *Fabacea*), consumidas tanto na forma de grãos maduros e secos, como imaturos e verdes, ou mesmo quando ainda se encontram contidos nas vagens verdes. As sementes são de dois tipos: as oleaginosas, como a soja e o amendoim; e as de grão, nas quais se incluem o feijão, a lentilha, a ervilha e a fava. O gênero

*As sutis diferenças entre as variedades de feijão.*

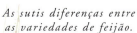

*Phaseolus* compreende aproximadamente 55 espécies, das quais apenas cinco são cultivadas: o comum (*Phaseolus vulgaris*); o de-lima (*Phaseolus lunatus*); o ayocote (*Phaseolus coccineus*); o tepari (*Phaseolus acutifolius*) e o petaco (*Phaseolus polyanthus*). Desses cinco, o feijoeiro comum (*Phaseolus vulgaris*) é hoje o mais difundido e consumido no mundo todo.

Ao todo, há cerca de 14 mil tipos de leguminosas. As cultivadas são chamadas de *pulses,* do latim *puls,* nome dado pelos

*O Rei Luís XIV: o feijão era servido nas mesas reais.*

antigos a um prato preparado com esses tipos de grãos. De onde vieram as leguminosas? Referências há em todas as culturas do mundo.

Na *Bíblia*, um prato de lentilhas comprou o direito de ser primogênito: Esaú, o irmão mais velho, estava com fome; seu irmão Jacó tinha um prato de lentilhas cheiroso e fumegante nas mãos. Troca proposta, Jacó tornou-se o dono dos poderes e benesses de ser primogênito. Já a história de Daniel, na corte do Rei da Babilônia, evidencia o valor nutricional do feijão. Embora o Rei Nabucodonosor tenha ordenado que as crianças de Israel fossem alimentadas de carne e vinho para ficarem bem de saúde, Daniel, uma delas, recusou-se a cumprir a ordem. Preferiu água e *pulses*. Ao cabo de dez dias, sua aparência, força e bem-estar eram óbvios, enquanto as outras crianças estavam mais flácidas e fracas.

No Egito, por volta de quinhentos anos antes de Cristo, os sacerdotes acreditavam que os feijões, por terem forma de fetos, continham as almas dos mortos. No Japão, os grãos eram espalhados pela casa para exorcizar maus espíritos. Os antigos romanos os usavam em suas festas gastronômicas e nos pagamentos de dívidas e apostas. Há evidências do uso constante do feijão no dia-a-dia até nas ruínas de Tróia. Não é difícil explicar a disseminação das leguminosas no mundo. Ubíquas, versáteis, adaptam-se ao clima, adubam a terra e, em tempos de guerra, tornam-se prato de fácil manejo e parte essencial da dieta dos guerreiros em marcha.

Na América do Sul, seu primeiro berço, há registros de seu consumo desde, pelo menos, nove mil anos antes de Cristo. Das Américas, o feijão espalhou-se pelo mundo: Europa, Ásia e África têm hoje feijões descendentes de genótipos americanos. Servido nas mesas reais de Charles II da Inglaterra ou na corte do Rei Luís XIV de França, também era conhecido nos banquetes dos Papas. Aliás, foi Clemente VII quem mandou dar a Catarina de Médicis alguns grãos para ela levar como presente de seu casamento com o futuro Henrique II.

## *Paixões e feijões:* o cotidiano

"Num grande terreno de terra batida, as vagens eram postas ao sol para secar. Na hora mais quente do dia, os homens chegavam com longas varas flexíveis e começavam o açoitamento. Os feijões saltavam qual pingos de sangue das entranhas sedosas das vagens. O suor pingava claro em cada rosto, as varas batiam impiedosas. Bolhas estouravam nas mãos. O trabalho era duro, mas logo a despensa estava cheia. Fim de tarde, o cheiro de comida se espalhava e consolava a todos do cansaço e da fome. Não existe nada mais gostoso que feijão novo cozido em fogão à lenha manchando a pureza do arroz."

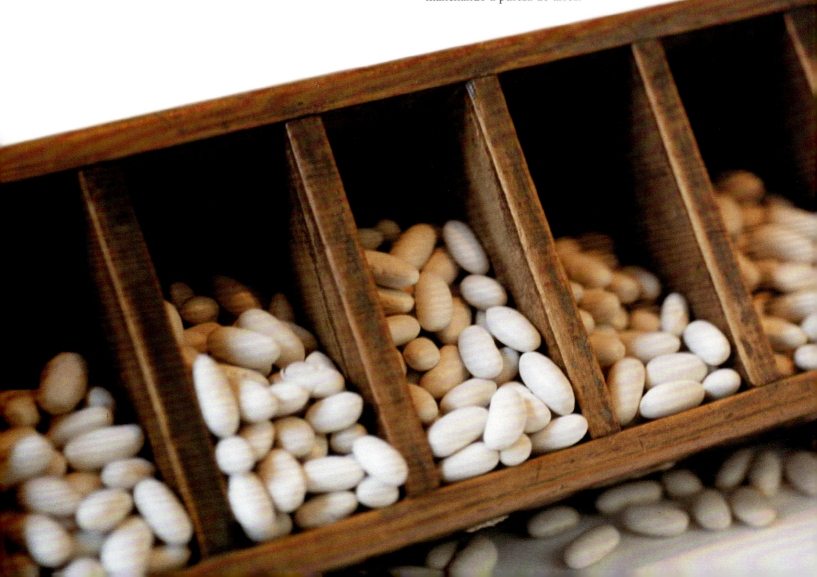

Quem assim fala do "feijão nosso de cada dia" é a professora Regina Maria de Souza Moraes, em depoimento para este livro. Ela nasceu em uma cidade do interior de Minas Gerais, lá no Triângulo Mineiro, chamada Sacramento. Hoje mora em Betim, pertinho de Belo Horizonte, mas não se esquece dos seus tempos de fazenda:

"Vivi muito na roça: lavouras de café, leite no curral, passeios a cavalo. Éramos uma família pequena, meus pais, eu, uma irmã e um irmão caçula. Cultivávamos feijão e fava. A diferença entre os dois não sei bem. Lembro-me de que a fava comestível era avermelhada e os grãos eram arredondados. A planta era uma trepadeira e as vagens eram aéreas. Os feijões possuíam ramos mais curtos e as vagens ficavam mais próximas do solo. Plantavam-se ambos misturados à lavoura de milho.

"Morar em uma fazenda significa ter algumas obrigações. Às mulheres, geralmente, cabe o preparo dos alimentos. Na minha infância, não havia energia elétrica na zona rural e isso dificultava a conservação dos alimentos. Quase tudo precisava ser preparado na hora de ser consumido, e o feijão se incluía nisso.

"Havia o ritual de escolher feijão. Todas as noites, após o jantar, minha mãe pesava o feijão que seria consumido no dia seguinte. A medida era exata, não havia geladeira e não devia sobrar nada. O feijão vinha sujo de terra de formigueiros de saúva, pois ainda não se usavam venenos para prevenir o caruncho. Escolher o feijão curado com terra era um trabalho minucioso. Não se podia deixar escapar uma pedrinha. Não havia eletricidade. Buscávamos uma lâmpada a querosene e a colocávamos sobre a mesa da pia bem perto da bacia. Os dedos mergulhavam na água fria e traziam um punhado de feijões que eram escolhidos um a um diante da lâmpada. Depois eram lavados com sabão e enxaguados copiosamente. Posso ainda sentir o cheiro do sabão caseiro.

"Após tudo aquilo, o feijão ia para um grande caldeirão de ferro, o braseiro do fogão à lenha era

*O caldo quente do feijão tem a fama de possuir poderes revigorantes e afrodisíacos.*

PÁGINA AO LADO:
*Após a secagem, as vagens são agitadas para que se soltem os feijões.*

atiçado. O feijão precisava abrir uma primeira fervura antes que o fogo se apagasse; caso contrário, ficaria duro. Quantas vezes eu, morta de sono, esperava minha mãe terminar suas tarefas na cozinha, e a última era sempre aquela de aguardar o momento em que água em que os feijões estavam sendo cozidos fervesse.

Aí, estavam encerradas as funções do dia. O fogo iria lentamente se apagando, era hora de dormir. De manhã, o cozimento continuava até a hora do almoço. Nós, as crianças, ficávamos brincando ali por perto. Assim que o feijão estivesse pronto era a hora da delícia: uma caneca cheia de feijão pagão temperado com sal grosso. Dedinhos buscavam nervosos os bagos e os cristais. Nossas bocas se temperavam."

Esta convivência íntima com o feijão – semear, colher, limpar, cozinhar, temperar, saborear – pode existir em vários estágios e ângulos. O momento em que ninguém quer

*Cole Porter reconhece a sensualidade do feijão em "Let's do it".*

saber do feijão, que olha a sopa de feijão ou o prato de feijão com arroz como algo que não desperta vontade alguma de comer. Depois, o momento em que o desejo de um feijãozinho é tonitruante, insistente, obstinado, perseverante, fundamental. Lembrou alguma coisa? Paixão? Relação entre dois seres? Parecido.

Feijão é energia. Sua forma lembra um feto, testículos ou até mesmo um rim. Abre-se como vagina quando começa a brotar e – como é uma trepadeira – cresce se enroscando em outras plantas. Nas noites de fazendas, uma das atividades até bem pouco tempo comuns era o debulhar dos feijões recém-colhidos acompanhado de "casos de assombração", histórias que distraíam o trabalho, fustigavam as imaginações e excitavam as almas.

Sem muitas delongas, feijão cresce rápido, num verde atraente, folhas em forma de coração. O grão vai enrugando a casca até que ela se rompa e surjam as duas bandas verdes, com o broto no meio. Cada vez mais, as duas partes se abrem e o broto vai crescendo até aparecerem as primeiras folhas e raízes. As duas bandas verdes são reservas de alimento até o feijão conseguir se nutrir com suas próprias raízes. Se o prezado leitor citadino quiser acompanhar esse momento de vida, ponha alguns grãos de feijão em um algodão umedecido com água em um copo de vidro e veja-os brotar.

Outro dado interessante sobre o feijão é sua sexualidade: ele faz parte das plantas cujas flores são bissexuadas e se autofecundam. O pólen de uma flor fecunda os óvulos da mesma flor. E assim lá vai o feijão cantarolando Cole Porter em

"Let's do it". Nessa famosa canção, todos se amam, isto é, transam. De pulgas a chimpanzés e cangurus, de rouxinóis a finlandeses e holandeses. E também os *Boston baked beans*, delicioso prato em que o feijão se cozinha no melado:

*"People say, in Boston, even beans do it,
Let's do it... let's fall in love..."*
("Diz-se, em Boston, que até os feijões 'fazem', /
Vamos 'fazê-lo'... vamos nos apaixonar...")

## *Literatura & música*

Se feijão pode ser o lado prático da vida (como em *O feijão e o sonho*, de Orígenes Lessa), pode também ser magia. Quem não conhece o clássico *João e o pé de feijão*? O menino pobre que recebe a incumbência de vender a vaca – a única riqueza que ele e a mãe possuíam – para terem algum dinheiro. Mas no meio do caminho o menino encontra um personagem que propõe trocar a vaca por um punhado de feijões mágicos. João topa e, ao voltar para casa e contar para a mãe o que acontecera, viu-a não só furiosa por ele ter perdido a única chance de terem algum meio de sobrevivência, como, por isso mesmo, jogar os feijões pela janela. E foram todos com fome para cama. No dia seguinte, havia brotado um enorme, fabuloso, pé de feijão, que subia até o céu. Curioso, João subiu por ele até chegar ao castelo do gigante que se alimentava de carne humana. O garoto descobre que o gigante era um ladrão, que havia surrupiado várias preciosidades. Consegue, enfim, driblar o gigante e desce correndo pelo pé de feijão com a galinha que punha ovos de ouro. Foi o tempo de chegar, derrubar a machadadas o pé – matando, assim, o gigante – e viver feliz para sempre com sua mãezinha, a galinha e os ovos de ouro. Tudo por conta de uns grãos de feijão que bem valeram a troca.

João Cabral de Melo Neto, em *Antologia poética*, compara o ato de escrever ao de catar feijão no poema "Catar Feijão":

"Catar feijão se limita com escrever:
jogam-se os grãos na água do alguidar
e as palavras na da folha de papel;
e depois joga-se fora o que boiar (...)"

Vinicius de Moraes escreveu uma deliciosa "Feijoada a Minha Moda", que termina assim:

"(...) Que prazer mais um corpo pede
Após comido um tal feijão?
Evidentemente uma rede
E um gato para passar a mão."

No poema "A Mesa", em *Reunião, 10 livros de poesia*, Carlos Drummond de Andrade fala do tutu de feijão:

"(...) Ai, grande jantar mineiro
que seria esse...
Comíamos,
e comer abria fome
e comida era pretexto.
E nem mesmo precisávamos
ter apetite, que as coisas
deixavam-se espostejar
e amanhã é que eram elas.
Nunca desdenhe o tutu.
Vai lá mais um torresminho (...)"

Músicas não faltam. Paulinho da Viola canta:

"O famoso feijão da Vicentina
Só quem é da Portela
É que sabe que a coisa é divina (...)"

Ivon Cury era sucesso eterno na década de 1950 interpretando "Feijão, feijão, feijão".

Chico Buarque dá *show* em "Construção" ("Comeu feijão com arroz como se fosse príncipe") ou em "Feijoada completa":

"Mulher
Você vai gostar
Tô levando uns amigos pra conversar
Eles vão com uma fome que nem me contem
Eles vão com uma sede de anteontem
Salta cerveja estupidamente gelada prum batalhão
E vamos botar água no feijão."

Até o ilustríssimo Louis Armstrong assinava e arrematava suas cartas com uma frase que se tornou sua marca registrada: "*Red beans and ricely yours,* Louis Armstrong" (algo como "Feijões vermelhos e 'arrozmente' seu, Louis Armstrong"). Pode imaginar o som e as delícias prometidas?

## *Veio político*

Os índios chamavam o feijão de *comandá* e o binômio *comandá* & farinha já existia no cardápio brasileiro quando os portugueses por aqui chegaram. Assim foi por muito tempo, principalmente na época das entradas e dos bandeirantes: o feijão era a refeição, o sustento, a força promotora da energia humana. Espalhando-se por todo o País, acabou dando origem à feijoada que, no entanto, ressalta Luís da Câmara Cascudo em *História da alimentação no Brasil*, "é uma solução européia elaborada no Brasil: técnica portuguesa com o material brasileiro (...) A feijoada não constitui um acepipe, mas um cardápio inteiro. Ali se condensam fauna e flora."

Na Europa, há o cozido de várias carnes, legumes e hortaliças fervendo conjuntamente e outras opções, como o *cassoulet*, espécie de feijoada francesa, unindo feijões, carne de porco e/ou ganso e pato. Os judeus têm o *cholent*, à base de feijões brancos, batatas e centeio (nada de porco, claro). É preparado na véspera do sabá, deixado no forno aceso cozinhando baixinho, pois, segundo a religião judaica, sábado não é dia de se trabalhar. Mas pode-se saborear o que já estiver preparado. No Brasil, há a união do feijão com carnes (principalmente de porco), farinha e adendos tipo abóbora, couve ou laranja, conforme a região. Se começou como prato de escravos, aproveitando restos de carne de porco desprezados pelos patrões para incrementar o caldo de feijão, hoje virou iguaria nobre, presente em hotéis e restaurantes requintados.

Há textos impecáveis registrando esse nosso prato nacional. Como os de Guilherme Figueiredo em *Comidas, meu santo*, narrando o que acontece antes, durante e depois de uma feijoada:

"(...) Uma feijoada exige que se fale de feijoada. Não é possível deglutir a argamassa de feijão, farinha, carnes, entrecortada de laranjas, e mais os legumes em se querendo, e borrifada de pimenta, e filigranada de couves, e engastada de torresmos, falando-se de outro assunto. Há quem lhe conheça outras fórmulas, e as declama. Há variantes que surgem, como nas partidas de xadrez. Deve haver quem diga que aquela é a melhor de sua vida, porque, afinal, cada feijoada é mesmo a melhor de cada vida. Deve alguém dizer da pimenta: – Esta está danada!

"(...) Um conviva, por fundamental gentileza, indaga da dona-de-casa o seu segredo, para esfriar a polêmica bairrista: – Você junta as carnes ou separa? Pergunta que faria baixar os olhos dum vigário (...)"

Guilherme Figueiredo também narra a história de Villa-Lobos querendo mostrar a pujança da nossa culinária em Paris, convidando seleta platéia de músicos e artistas para prová-la. Quando a tampa do panelão fumegante foi levantada e a feijoada ficou enfim exposta, um desses famosos recuou dizendo: "*Mais, c'est de la m...!*"

Não chegou a pronunciar o "e" do final da palavra. Villa-Lobos rodou a sagrada mão, a mão da batuta, e plantou-a nas faces do falastrão.

Outro imperdível é o de Pedro Nava em *Chão de ferro*. Descrevendo como se faz uma feijoada, como se a aninha num prato (em camadas, esmagando primeiro as pimentas no caldo etc.), como se a devora. E aponta sua principal qualidade: ser barroca.

"Barroco e mais, orquestral e sinfônico, o rei dos pratos brasileiros está para a boca e a língua como, para o ouvido – as ondulações, os flamboaiantes, os deslumbramentos, os adejamentos, a ourivesaria de chuva e o plataresco dos mestres mineiros de música e do Trio em dó maior para dois oboés e corninglês – 'Opus 87', de Ludwig van Beethoven. Filosófica, a feijoada completa pelo luto de sua cor e pelos restos mortais que são seus ingredientes é também memento. Depois dela, como depois da orgia, a carne é triste. Não a do prato, a nossa, a pecadora."

A polivalência, a adaptabilidade do feijão, seu veio político de confraternizar, deixar tudo combinar, seja com peixes, mariscos, crustáceos, massas, arroz, farinha, laranja, couve, abóbora, carnes, aves, açúcar, temperos e sabe-se lá o que mais, fazem mesmo deste legume o "Pai de Todos". Como diz a cantiga popular: "Um, dois, feijão com arroz;/ Três, quatro, feijão no prato (...)" Também é bastante comum se dizer que "graças a Deus, lá em casa nunca falta feijão". Ou seja, nunca falta alimento e o feijão é o básico. O Brasil é o segundo produtor

mundial de feijoeiros do gênero *Phaseolus* e o primeiro na espécie *Phaseolus vulgaris*, informa a Embrapa. Quanto ao consumo interno anual, fica em torno de 16kg por habitante (dados de 1999), existindo preferências de cor, tipo de grão e qualidade culinária em várias regiões do País. Na safra de 1998/1999, a produção brasileira de feijão foi de 2,5 milhões de toneladas, das quais 80% foram de cores e 20% do tipo preto.

Macios, *al dente*, gostos fortes ou delicados, acres, doces ou salgados, os pratos com feijão estão presentes na Ásia, na África, na Europa, nas Américas com uma intensidade fantástica. Imagine a culinária mexicana sem o feijão para rechear *tacos* e *burritos*? No Brasil, no dia seguinte se transmuta em outro prato: da feijoada completa pode nascer o tutu mineiro, o feijão-tropeiro ou o virado à paulista. Ou parte para outras conceituações como o nordestino baião-de-dois (arroz com feijão, podendo levar ainda toucinho e leite de coco, acompanhando-se de um prato de ensopado de maxixe ou queijo de coalho cortado em cubos). O feijão é mesmo fundamental. Sua flexibilidade é tanta que ora serve de marcador nas cartelas de bingo (jogo), ora vira soneto como os de Celso Japiassu e Nei Leandro de Castro em *50 sonetos de forno e fogão*. Por exemplo, o "Feijão de Coco" (1/2kg de feijão-mulatinho ou preto, uma garrafa pequena de leite de coco, uma pitada de sal, uma pitada de açúcar):

"Das diversas maneiras de fazer
um bom feijão, a mais inusitada,
criativa, de exótico sabor,
é a que vai revelada nestes versos.

"Cate, lave o feijão, deixe de molho
e no dia seguinte leve ao fogo
somente em água pura, sem temperos.
Ao ficar pronto, esmague com cuidado.

"Tire as cascas passando na peneira,
ponha a massa no fogo, acrescentando
leite de coco, sal e açúcar juntos.

"Deixe ferver um pouco e sirva o prato
que pode acompanhar peixe cozido,
numa combinação bem nordestina."

Feijão também vira doce. Gelatinas, sorvetes, bolos, biscoitos, musses e outras quitandas, algumas deliciosas, evidenciam sua versatilidade. Na Tailândia, seu amido é usado até no preparo de *vermicelli*, um tipo de macarrão. Em suma, serve de entrada, sopa, acompanhamento, recheio, prato principal e sobremesa. Justifica festas populares como a de Tavares, na Paraíba, promovida pela prefeitura municipal no último dia de maio. Ou o Festival do Feijão

que acontece todos os anos em Sutri, pequena cidade medieval italiana. Lá, se homenageia o feijão *regina* (rainha), "consistente e bulboso, com sabor de castanhas", segundo Michael Rips em *O nariz de Pasquale*. É considerado o melhor grão da Itália.

Algumas opiniões esdrúxulas circulam na Internet, como a do médico Aguinaldo Torres (http://intermega.oglobo.com/cerrito/beneficios.htm). Segundo ele: "Existem fortes tendências de que as adequadas concentrações de magnésio, manganês e ferro encontradas nos feijões de boa qualidade desenvolvem os músculos glúteos. Por isso as brasileiras têm o bumbum mais bonito do mundo."

Generoso, o feijão ignora eventuais "besteiróis" e prossegue sua saga, entre budas, aiatolás, cristos e oxuns da vida. Precisa de cuidados, mas dá mais do que lhe solicitam: na virada do ano 1000, conta o filósofo italiano Umberto Eco, em depoimento ao The New York Times, reproduzido pela revista Veja, foi o cultivo do feijão e de outras leguminosas que livrou a Europa da fome:

> "Eram tempos duros, em que as pessoas morriam de fome ou viviam doentes por causa da alimentação precária. O desenvolvimento do cultivo das leguminosas mudou tudo. Fontes de proteína, elas substituíam a carne escassa. A pecuária praticamente não existia e caçar era um privilégio dos nobres. Com a nova dieta, os camponeses tornaram-se mais robustos e resistentes a doenças. A expectativa de vida aumentou significativamente e a mortalidade infantil decaiu."

Pai de todos, o feijão tem coração de mãe. É uma metáfora do amor, talvez.

Agosto de 2002

## Referências Bibliográficas

Andrade, Carlos Drummond de. *Reunião, 10 livros de poesia*. Rio de Janeiro: J. Olympio, 1969.
Cascudo, Luís da Câmara. *História da alimentação no Brasil*. São Paulo: Editora Universidade de São Paulo, 1983. 2v.
Chauí, Laura de Souza, Souza, Marilena de. *Professoras na cozinha*. São Paulo: Editora Senac São Paulo, 2001.
Eco, Umberto. Salvos pelo feijão. *Revista Veja*, 28 jul. 1999. Depoimento ao *The New York Times*.
Figueiredo, Guilherme. *Comidas, meu santo*. Rio de Janeiro: Civilização Brasileira, 1964.
Frieiro, Eduardo. *Feijão, angu e couve*. Belo Horizonte: Editora Universidade Federal de Minas Gerais, 1966.
Goust, Jerôme. *Le haricot*. França: Actes Sud, 1998.
Gregory, Patrícia R. *Bean banquets, from Boston to Bombay*. Califórnia: Woodbridge, 1984.
Gross, Kin Johnson. *Cooking*. Nova York: A. Knopf, 1998.
Horsley, Janet. *Bean cuisine*. Nova York: Avery Publishing Ground Inc., 1982.
Japiassu, Celso, Castro, Nei Leandro de. *50 sonetos de forno e fogão*. Rio de Janeiro: J. Olympio, 1994.
Kimball, Robert. *The Complete lyrics of Cole Porter*. Nova York: Da Capo Press, 1992.
Lessa, Orígenes. *O feijão e o sonho*. São Paulo: Ática, 2001.
McNair's, James. *Beans & grains*. São Francisco: Chronicle Books, 1997.
Melo Neto, João Cabral de. *Antologia poética*. Rio de Janeiro: Sabiá, 1967.
Moraes, Vinícius de. *Poesia completa e prosa*. São Paulo: Nova Aguilar, 1987.
Nava, Pedro. *Chão de ferro*. Rio de Janeiro: J. Olympio, 1976.
*Livro Essencial da Cozinha Asiática*. [s.l.] Könemann, 2001.
Rips, Michael. *O nariz de Pasquale*. Rio de Janeiro: Objetiva, 2002.
Souza, Sérgio de, Ceglia Neto, Paschoal. *O prato nosso de cada dia: arte culinária brasileira*. São Paulo: Yucas, 1993.
Spencer, Colin. *Colin Spencer's vegetable book*. Londres: Conran Octopus, 1995.
Vieira, Rogério Faria, Clibas, Rosana Faria. *Leguminosas graníferas*. Viçosa: Universidade Federal de Viçosa, 2001.
Werle, Loukie, Cox, Jill. *Ingredientes*. [s.l.] Könemann, 2001.

## Consultorias

- *Pesquisador:* **Dr. José Luiz Viana de Carvalho**, supervisor de infra-estrutura da Embrapa Agroindústria de Alimentos (jlvc@ctaa.embrapa.br).

- *Pesquisadoras:* **Dra. Heloisa Torres da Silva** (heloisa@cnpaf.embrapa.br) e **Dra. Noris Regina Vieira** (noris@cnpaf.embrapa.br), da Embrapa Arroz e Feijão (sac@cnpaf.embrapa.br).

# Safári de Feijões

(Receita extraída do livro *Bean banquets, from Boston to Bombay*, de Patrícia R. Gregory.)

450g de feijões

1 cebola grande picada

2 colheres de sopa de manteiga

sal

pimenta-branca a gosto

3 ou 4 tomates sem pele e fatiados

1 1/2 xícara de queijo *cheddar* (ou semelhante) ralado

1. Cozinhe os feijões, drene.
2. Unte uma forma grande.
3. Numa frigideira grande, refogue a cebola picada na manteiga, sem que fique dourada. Misture com os feijões drenados, sal e pimenta.
4. Coloque 1/3 dessa mistura na forma untada e cubra com rodelas de tomates. Coloque um pouco de sal e pimenta sobre os tomates e salpique com 1/3 do queijo *cheddar*.
5. Repita esta operação mais duas vezes.
6. Tampe a forma e asse à temperatura de 180°C por 25 minutos. Retire a tampa e asse por mais 5 minutos. Rende de 6 a 8 porções. Sirva com pãezinhos caseiros e uma salada mista para acompanhar.

---

Para facilitar a compreensão de termos técnicos, este livro traz um glossário (p. 154). Os termos estão indicados com o sinal * nas receitas.

O rendimento das receitas é sempre para quatro pessoas, com exceção das feijoadas (páginas 108, 119 e 120), que são para oito ou dez pessoas.

*Carioca*

*Fava Seca*

*Azuki*

*Roxinho*

*Preto*

*Manteiguinha de Santarém*

*Verde*

*Mulatinho*

*Branco*

*Bolinha*

Corda

Jalo

Vermelho

Olho-de-peixe

Rajado

Fradinho

Palhacinho

Fradão

Fava Gaúcha

Manteiga

*Entradas &*

## Preparo do atum:

1. Temperar o lombo com o sal e a pimenta e amarrá-lo com o barbante, para permitir que frite uniformemente.
2. Aquecer o azeite em uma frigideira e fritar o lombo por todos os lados, por mais de 3 minutos.
3. Deixar esfriar e reservar.

## Preparo da salada:

1. Cortar as cebolas ao meio e, depois, em fatias bem finas.
2. Escorrer o feijão na bacia e misturá-lo às cebolas.
3. Misturar a salada, acrescentando a salsa, o azeite, o sal e a pimenta.

## Montagem:

1. Colocar o feijão em pratos individuais, em apenas uma camada, alisando-a com a espátula.
2. Cortar o atum em fatias finas e arrumá-las sobre o feijão.
3. Misturar bem os ingredientes do tempero e despejá-los sobre o atum e ao redor da salada.
4. Temperar as folhas e colocá-las sobre o atum para enfeitar.

*Vinho*: Visão desconstrutiva de uma clássica salada italiana, cai muito bem com um Verdicchio di Matelica de uvas colhidas tardiamente.

# Rosbife de Atum sobre Salada de Feijão

## A Favorita

### Belo Horizonte

**Para o atum:**

500g de lombo de atum limpo

sal e pimenta-do-reino a gosto

50ml de azeite extravirgem (5 colheres de sopa)

**Para a salada:**

200g de cebola roxa (2 unidades grandes)

2 latas de 500g de feijão-branco cozido

20g de salsa picada (2 colheres de sopa)

50ml de azeite (5 colheres de sopa)

sal e pimenta-do-reino a gosto

**Para o tempero:**

100ml de azeite extravirgem (10 colheres de sopa)

30ml de vinagre balsâmico (3 colheres de sopa)

5g de *wasabi* em pó

20g de mostarda de Dijon (2 colheres de sopa)

sal e pimenta-do-reino moída na hora, a gosto

**Para decorar:**

folhas pequenas: agrião, chicória-*frisée*, *mâche* etc.

**Utensílios necessários:**

barbante de cozinha, escorredor, bacia, espátula

35

# Antiquarius

### Rio de Janeiro

400g de feijão-vermelho

320g de orelha de porco

6 litros de água

5ml de azeite (1 colher de chá)

40g de cebola picada (1 unidade média)

8g de alho picado (1 1/2 dente)

70g de tomate picado e sem pele (1 unidade média)

sal e pimenta-do-reino a gosto

4 pedras bem escolhidas e limpas

Utensílios necessários:

4 tigelinhas

1. Cozinhar o feijão e a orelha de porco na água e sal por 2 horas e 30 minutos.
2. Levar ao fogo, em outra panela, o azeite, a cebola, o alho e o tomate, para uma rápida refogada.
3. Acrescentar o feijão com toda a água do cozimento e a orelha de porco cozida e picada miudinho.
4. Temperar com sal e pimenta.
5. À parte, separar as quatro pedras e deixá-las ferver por 1 hora. Colocar uma pedra em cada tigelinha e adicionar o feijão. Servir em seguida.

*Vinho*: Um quente Aragonez do Alentejo, de bom extrato, agregará uma nova dimensão a essa rústica mas deliciosa sopa.

## Sopa de Pedra

1. Preparo do molho branco: ferver todos os ingredientes menos a manteiga e a farinha. Abaixar o fogo após levantar fervura. Acrescentar a manteiga e a farinha. Bater bem até formar um creme. Reservar.
2. Numa panela, juntar o azeite com a cebola e deixar dourar (é importante que a cebola fique bem dourada).
3. Adicionar o brócolis e a cenoura. Em seguida, acrescentar o molho branco e mexer em fogo baixo por 2 minutos.
4. Juntar o feijão-branco cozido, envolvendo-o suavemente. Temperar com o sal e a pimenta. Por fim, com o fogo já desligado, misturar os ovos batidos.
5. Montagem: colocar o preparado nos 4 recipientes individuais de suflê untados com manteiga e farinha de rosca. Salpicar com queijo ralado e levar ao forno em temperatura média, por cerca de 25 minutos. Servir em seguida.

*Vinho*: Precisamos de um branco delicado, com bom frescor e baixo teor alcoólico. Por que não um Chardonnay nacional do Vale dos Vinhedos?

*Suflê de Feijão*

# Calamares

Porto Alegre

Para o molho branco (150ml):
150ml de leite (15 colheres de sopa)
10g de cebola (1/3 de 1 unidade pequena)
1 folha de louro
1 pitada de sal
1 pitada de noz-moscada
20g de farinha de trigo (2 colheres de sopa)
15g de manteiga (1/2 colher de sopa)

50ml de azeite (5 colheres de sopa)
200g de cebola em rodelas, cortadas bem fininho (2 unidades grandes)
150g de brócolis cozido e picado (1 maço sem folhas e talos)
100g de cenoura cozida e picada (1 unidade grande)
150ml de molho branco
200g de feijão-branco cozido e escorrido
sal e pimenta-do-reino a gosto
3 ovos inteiros
manteiga e farinha de rosca para untar
50g de queijo ralado (5 colheres de sopa)

Utensílios necessários:
4 recipientes para suflê com 10cm de diâmetro

1. Catar e lavar o feijão.
2. Juntar em uma panela o feijão com o *bacon* e o sal. Adicionar a água e cozinhar por aproximadamente 1 hora e 10 minutos.
3. Escorrer o feijão e reservar 300ml do caldo (2 1/2 copos).
4. Refogar as ervas verdes bem picadas, o tomate, a cebola e o pimentão no azeite e temperar o feijão.
5. Dissolver a gelatina seguindo as instruções da embalagem e, em seguida, misturar com o feijão temperado e o caldo.
6. Colocar a musse de feijão nas forminhas e levar à geladeira por 3 horas.
7. Montagem: forrar o prato fazendo uma cama de folhas verdes. Retirar a musse da forminha, colocá-la no centro do prato. Regar com um fio de azeite e servir.

*Vinho*: Do clima temperado da África do Sul nascem elegantes *sauvignons blancs* que agregam nobreza a essa musse, harmonizando-a tanto do ponto de vista aromático quanto dos pontos de vista saporífero e tátil.

## Musse de Feijão-Manteiguinha de Santarém

### Lá em Casa
BELÉM

150g de feijão-manteiguinha de Santarém (também pode ser usado o feijão-fradinho)
50g de *bacon*
sal e azeite a gosto
3 1/2 litros de água
temperos verdes amazônicos (alfavaca, chicória, cheiro-verde) a gosto
40g de tomate picado (1/2 unidade média)
50g de cebola picada (1 unidade média)
40g de pimentão verde picado (1 unidade pequena)
24g de gelatina incolor
folhas verdes (alface, rúcula e outras para decorar)

Utensílios necessários:
escorredor, 4 forminhas de pudim individuais (com cerca de 10cm de diâmetro por 2cm de altura), prato de sobremesa

1. Colocar o feijão no processador e triturar por 1 minuto. Transferir para a bacia e cobrir com a água. Deixar de molho por 24 horas.
2. Recolher as cascas e escorrer bem a água. Recolocar o feijão no processador e triturar até virar uma pasta homogênea.
3. Colocar o feijão na outra bacia, acrescentar a cebola e o sal. Bater com a colher de pau até o ponto em que seja possível modelar a massa com uma colher.
4. Aquecer o azeite e dourar os camarões. Adicionar o alho-poró e refogar por 5 minutos. Com auxílio de 2 colheres, modelar 8 acarajés com a pasta de feijão e fritar no azeite-de-dendê quente até dourar.
5. Montagem: com uma faca, abrir os acarajés ainda quentes e rechear com o tomate seco, o camarão, o alho-poró e o queijo de coalho.

*Vinho*: Para fazer frente aos intensos aromas da preparação e enxugar a sua untuosidade, nada melhor do que um Manzanilla andaluz.

## Acarajé com Camarões ao Alho-Poró

### Enseada
Rio de Janeiro

350g de feijão-fradinho limpo

2 litros de água

100g de cebola-branca ralada (1 unidade grande)

sal a gosto

25ml de azeite (2 1/2 colheres de sopa)

225g de camarão médio (vm) limpo e temperado com sal e pimenta-do-reino a gosto

125g de alho-poró fatiado bem fino (2 talos)

2 litros de azeite-de-dendê

100g de tomate seco

100g de queijo de coalho

Utensílios necessários:

processador de alimentos, 2 bacias, escorredor, colher de pau

1. Deixar o feijão de molho na água por 4 horas.
2. Adicionar ao feijão todos os ingredientes e levar ao fogo alto. Cozinhar por aproximadamente 2 horas, não deixando a água secar. Se necessário, adicionar mais água até completar o cozimento. Deixar esfriar.
3. Bater no liqüidificador até virar um creme e levar ao fogo novamente para ferver.
4. Montagem: em um prato fundo, colocar uma porção do creme de feijão. Adicionar por cima uma colher de sopa de nata e salpicar com uma mistura dos pimentões cortados em cubos pequenos devidamente temperados com pimenta-do-reino, sal e azeite.

*Vinho:* Um tinto espanhol de médio corpo, com boa integração de madeira e fruta no olfato. Equilíbrio gustativo ligeiramente voltado para a dureza dos taninos e acidez, como é praxe nos vinhos *crianza* de Navarra.

## *Saudade da Roça*

# PAX

### RIO DE JANEIRO

1/2kg de feijão-manteiga
3 litros de água
150g de pimentão vermelho sem pele
(1 1/2 unidade grande)
150g de pimentão amarelo sem pele
(1 1/2 unidade grande)
30g de alho-poró picado (1/4 de talo)
40g de aipo picado (1 talo)
30g de alho amassado (6 dentes)
100g de cebola picada
(1 unidade grande)
30ml de azeite extravirgem (3 colheres de sopa)
20g de salsa picada (2 colheres de sopa)
5g de pimenta-do-reino (1 colher de chá)
150g de tomate maduro sem pele e sem semente (1 1/2 unidade grande)
10g de sal (1 colher de sopa)

Para a montagem:
100g de nata (4 colheres de sopa bem cheias)
50g de pimentão vermelho
(1/2 unidade grande)
50g de pimentão amarelo
(1/2 unidade grande)
5g de pimenta-do-reino (1 colher de chá)
3g de sal (1 colher de café)
7ml de azeite extravirgem (1 colher de sobremesa)

Utensílio necessário:
liqüidificador

# Giuseppe

### Rio de Janeiro

50g de feijão-branco cozido em 1 1/2 litro de água por 2 horas

50g de feijão-*azuki* cozido em 1 1/2 litro de água por 2 horas e 30 minutos

50g de feijão-fradinho cozido em 1 1/2 litro de água por 1 hora

50g de ervilha seca cozida em 1 1/2 litro de água por 1 hora

200g de vagem cozida picada

200g de tomate em cubinhos (2 unidades grandes)

Para o vinagrete:

3g de sal (1 colher de café)

3g de mostarda (1 colher de café)

3g de açúcar (1 colher de café)

20ml de vinagre (2 colheres de sopa)

45ml de azeite (4 1/2 colheres de sopa)

1. Cozinhar os feijões separadamente sem deixar desmanchar.
2. Para o vinagrete: misturar todos os ingredientes de forma homogênea.
3. Misturar os feijões, a ervilha, a vagem e o tomate. Temperar com o molho vinagrete.

*Vinho*: Para amortecer a tendência ácida e mitigar a suculência dessa salada, opta-se pela cremosidade e o calor de um bom Chardonnay do Somontano, Espanha.

*Salada de Feijões*

1. Juntar em uma panela o feijão, o louro, o sal e a água. Cozinhar em fogo médio até o feijão ficar macio – cerca de 50 minutos. Retirar o louro e escorrer. Deixar esfriar e reservar.
2. Escaldar* o broto de feijão. Escorrer e reservar.
3. Quando o feijão estiver frio, juntá-lo aos demais ingredientes em uma saladeira. Misturar delicadamente.
4. Montagem: transferir a salada para pratos individuais e decorar com a salsa. Servir gelada.

*Vinho*: Um perfumado Alvarinho do Minho, com boa presença alcoólica.

*Salada d'Aldeia*

## Fogo Caipira

### Campo Grande

250g de feijão-miúdo ou fradinho

1 folha de louro

sal a gosto

1 litro de água

100g de broto de feijão

100g de tomate em cubinhos, sem semente (1 unidade grande)

50g de cebola em cubinhos (1 unidade média)

50g de pimentão vermelho em cubinhos (1/2 unidade grande)

15g de cebolinha picada, com a parte branca (1 1/2 colher de sopa)

15g de salsa picada (1 1/2 colher de sopa)

12 ovos de codorna em conserva de vinagre

90ml de azeite (9 colheres de sopa)

pimenta-do-reino a gosto

1 ramo de salsa para decorar

Utensílio necessário:

escorredor

## Preparo do recheio:

1. Refogar a cebola no azeite. Colocar o frango e mexer até mudar de cor. Acrescentar o shoyu.
2. Adicionar a cenoura, a vagem e o feijão cozido, sem o caldo. Mexer por 2 minutos.
3. Ajustar o sal e a pimenta.
4. Desligar o fogo e esperar esfriar.

## Preparo do rolinho:

1. Preparar uma cola misturando a maisena, a farinha e a água, formando uma papa.
2. Abrir a massa do rolinho e colocar o recheio.
3. Colar as pontas dos rolinhos com a cola de maisena e fritar em óleo abundante.
4. Servir com molhos agridoces.

*Vinho:* Um Tokay-Pinot-Gris alsaciano de corpo médio, mas de boa pegada alcoólica, para fazer frente à fritura em imersão e ao molho agridoce.

*Rolinho Primavera de Feijão-Azuki*

# Banana da Terra

### Parati

Para o recheio:

100g de cebola cortada fino (1 unidade grande)

20ml de azeite (2 colheres de sopa)

200g de peito de frango cortado em cubinhos

50ml de shoyu (5 colheres de sopa)

50g de cenoura cortada bem fino (1 unidade média)

100g de vagem cortada bem fino

80g de feijão-*azuki* cozido em 1litro de água por 1 hora

sal e pimenta-do-reino a gosto

Para o rolinho:

10g de maisena (1 colher de sopa)

10g de farinha de trigo (1 colher de sopa)

40ml de água (4 colheres de sopa)

massa para rolinhos primavera (8 unidades)

óleo de soja para fritar

1. Deixar o feijão de molho por 4 horas, escorrer. Adicionar a água, temperar com sal e pimenta e levar ao fogo até ficar *al dente*. Escorrer e reservar.
2. Temperar o arroz-selvagem com sal e pimenta e deixar cozinhar, por cerca de 30 minutos, até ficar *al dente*. Reservar.
3. Picar os camarões em pedaços de 2cm. Adicionar sal e pimenta. Reservar.
4. Numa tigela, misturar o arroz, o feijão, o tomate *concassé*,* os camarões, o manjericão e o suco do limão. Corrigir o sal e a pimenta, cobrir com filme plástico e levar à geladeira por 15 minutos.
5. Montagem: colocar o aro sobre o prato e preencher com o *tartar*, reservando um camarão para enfeitar. Retirar o aro e regar com o azeite. Servir com as folhas de endívia.

*Vinho*: Um macio Chardonnay australiano, desde que com um aporte apenas discreto de carvalho, acomodará elegantemente o frescor desse *tartar*.

## *Tartar de Grãos com Camarões*

### BISTRÔ D'ACAMPORA
FLORIANÓPOLIS

70g de feijão-*azuki*

800ml de água (4 copos)

sal e pimenta-do-reino moída na hora, a gosto

70g de arroz-selvagem (1 xícara rasa)

200g de camarões limpos pré-cozidos

150g de tomate *concassé** (1 1/2 unidade grande)

1/4 de xícara de manjericão rasgado

suco de 1/2 limão coado (1 colher de sobremesa)

150ml de azeite extravirgem (15 colheres de sopa)

folhas de endívia para decorar

Utensílios necessários:

escorredor, filme plástico, aro de 8cm

1. Deixar os feijões de molho, separadamente, no mínimo por 2 horas.
2. Escorrer a água e cozinhá-los em separado com 1 litro de água e sal para cada um. Depois de cozidos, escorrer novamente e lavá-los em água fria. Reservar.
3. Numa frigideira, aquecer 1 colher de sopa do azeite, acrescentando a juliana* de berinjela. Refogar por cerca de 2 minutos e reservar.
4. Regar a juliana* de maçã com o suco de limão e reservar.
5. Preparo do molho: bater no liqüidificador o vinagre com a mostarda em pó. Acrescentar os demais temperos. Adicionar, lentamente, o azeite. Reservar.
6. Numa vasilha, misturar a cebola e as folhas de manjericão. Acrescentar o queijo de cabra.
7. Juntar com cuidado os feijões e a mistura das julianas* de berinjela e maçã.
8. Montagem: arrumar no meio de um prato, colocando o presunto em volta da salada. Regar com o molho. Enfeitar com as folhas inteiras de manjericão.

*Vinho*: Instigante, rica em sabores e aromas, essa salada pede um Chardonnay com um bom teor alcoólico reforçado por um toque floral de Viognier, como aqueles produzidos no Uruguai.

## Casa da Suíça
### Rio de Janeiro

150g de feijão-branco
150g de feijão-preto
2 litros de água salgada
10ml de azeite (10 colheres de sopa)
50g de juliana* de berinjela, com casca (4 colheres de sopa)
50g de juliana* de maçã ácida, sem casca (3 colheres de sopa)
suco de 1/2 limão coado (1 colher de sobremesa)
100g de cebola picada bem fino (1 cebola grande)
15 folhas de manjericão cortadas bem fino
150g de queijo de cabra à juliana*
100g de juliana* de presunto cru
folhas de manjericão inteiras para decorar

Para o molho:
50ml de vinagre de Jerez (5 colheres de sopa)
5g de mostarda em pó (1 colher de chá)
algumas gotas de tabasco
sal e pimenta-preta moída na hora, a gosto
5g de açúcar (1 colher de chá)
60ml de azeite extravirgem (6 colheres de sopa)

Utensílios necessários:
escorredor, liqüidificador

*Salada em Preto e Branco*

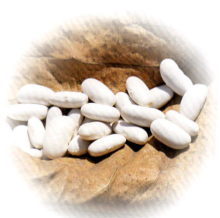

48

1. Na véspera, colocar os 5 tipos de feijão de molho em recipientes separados, em 1 litro de água cada.
2. Preparar o caldo de frango, levando todos os ingredientes para cozinhar em fogo alto por 30 minutos. Em seguida, coar.
3. Em uma panela grande, colocar 50g de manteiga (2 colheres de sopa) para refogar, em fogo médio, a cenoura e a cebola.
4. Escorrer os feijões e acrescentá-los ao refogado mexendo bem. Em seguida, adicionar o caldo de frango, o alho, o tomilho e o alecrim.
5. Deixar cozinhar com a panela destampada até que os feijões fiquem macios. Caso haja sobra de caldo do feijão, desprezar.
6. Acrescentar o restante da manteiga, a salsa, o sal e a pimenta.
7. Montagem: dispor o feijão dentro dos aros, preenchendo-os totalmente. Retirar os aros e espetar 1 ramo de tomilho no centro. Servir acompanhado de qualquer prato preparado com lombo ou pernil de porco.

*Vinho*: Um cru de Beaujolais, mediano em estrutura e tanicidade, de bom frescor e aroma, tal como um Fleurie, cai muito bem com essa simpática *garniture*.

*Cassoulet de Feijões*

# LA CASSEROLE
São Paulo

50g de feijão-fradinho
50g de feijão-preto
50g de feijão-canário
50g de feijão-rajado
50g de feijão-vermelho
5 litros de água
75g de manteiga (3 colheres de sopa)
100g de cenoura cortada em cubos (1 unidade grande)
100g de cebola cortada em pedaços pequenos (2 unidades médias)
1 litro de caldo de frango
10g de alho picado (2 dentes)
2g de tomilho picado (1/2 colher de café)
2g de alecrim picado (1/2 colher de café)
5g de salsa picada (1/2 colher de sopa)
sal e pimenta-do-reino a gosto

Para o caldo de frango (1 litro):
200g de carcaça de frango
50g de cebola (1 unidade média)
50g de cenoura (1 unidade média)
1 folha de louro
10g de alho (2 dentes)
500ml de água (2 1/2 copos)

Utensílios necessários:
escorredor, 4 aros de 5cm de diâmetro e 3cm de altura

La Casserole – Cassoulet de Feijões

1. Deixar ferver a água, adicionar o feijão e, em seguida, o ramo de coentro e o sal.
2. Tampar imediatamente. Depois de cozido (aproximadamente 40 minutos), coar e levar à geladeira.
3. Grelhar os camarões no azeite. Quando estiverem quase prontos, acrescentar a pimenta calabresa, o sal e as nozes. Misturar bem antes de juntar o feijão-verde. Levar novamente à geladeira.
4. Juntar as julianas* de cenoura e abobrinha e colocar para cozinhar com a folha de louro em 1 copo de água até que estejam *al dente*. Retirar do fogo, coar e reservar.
5. Para o molho: colocar todos os ingredientes do molho no potinho com tampa. Balançar bem e coar. Reservar.
6. Adicionar cerca de 6 colheres de sopa do molho à mistura do feijão, camarões e nozes. Mexer bem.
7. Montagem: dispor, nas bordas de cada prato, 3 bolinhas de *cream cheese*, formando um triângulo. Por cima, colocar uma tirinha de cenoura e outra de abobrinha, formando um "x". Salpicar a salsa no cruzamento das tirinhas. Rasgar 1 folha de alface roxa e outra de alface americana e arrumar no centro do prato, formando um montinho. Sobrepor 2 folhas de rúcula e regar com cerca de 2 colheres de sopa do molho. Cobrir delicadamente com a mistura de feijão e nozes. Com a pinça, colocar 2 ou 3 camarões sobre a mistura. No meio de cada camarão, arranjar um pouco da cenoura ralada e espetar uma folha de salsa.

*Vinho*: Um branco expressivo e macio, como um Vouvray *sec-tendre* do Loire.

*Salada de Feijão-Verde, Camarões e Nozes*

## Luna Bistrô
### Tibaú do Sul

3 litros de água
200g de feijão-verde
1 ramo de coentro
sal a gosto
320g de camarão médio (vm)
20ml de azeite (2 colheres de sopa)
2g de pimenta calabresa (1 colher de café)
20g de nozes picadas (3 colheres de sopa)
100g de juliana* de cenoura (1 unidade grande)
165g de juliana* de abobrinha (1 unidade média)
1 folha de louro
200ml de água (1 copo)
100g de *cream cheese* (10 colheres de sopa)
8 folhas de salsa picada
4 folhas grandes de alface roxa
4 folhas grandes de alface americana
8 folhas de rúcula

50g de cenoura ralada fino (1 unidade média)
4 folhas de salsa inteiras

Para o molho:

20g de mostarda de Dijon (1 colher de sopa)
10g de alho amassado (2 dentes)
100ml de azeite extravirgem (10 colheres de sopa)
5ml de vinagre Jerez (1 colher de chá)
5ml de vinho branco seco (1 colher de chá)
10g de endro fresco ou de sementes de endro (1 colher de sopa)

Utensílios necessários:

coador, potinho com tampa, 4 pratos com cerca de 30cm de diâmetro, ralador, pinça

53

1. Colocar o feijão em uma panela grande com a água e acrescentar sal. Deixar ferver por aproximadamente 10 minutos. Retirar do fogo quando o feijão estiver levemente duro. Escorrer e colocar na água gelada para não perder a cor. Escorrer novamente.
2. Na frigideira, aquecer o azeite e dourar o alho. Juntar o pão, a salsa, o sal e a pimenta. Mexer durante 1 minuto. Adicionar a manteiga até derreter e o feijão. Mexer até aquecer. Servir em seguida.

*Vinho*: Um branco de Montpeyroux, no sul da França, intenso no nariz, de boa alcoolicidade e, conseqüentemente macio, para equilibrar o ligeiro toque amargo do feijão.

750g de feijão-verde fresco

2 litros de água

1 litro de água gelada

20ml de azeite extravirgem (2 colheres de sopa)

30g de alho bem picado (6 dentes)

pão francês amanhecido, ralado (2 colheres de sopa)

10g de salsa picada (1 colher de sopa)

sal e pimenta-do-reino moída a gosto

25g de manteiga (1 colher de sopa)

Utensílios necessários:

escorredor, frigideira antiaderente

*Feijão-Verde com Alho*

## Marcel

Fortaleza

1. Lavar o feijão. Deixar de molho em água fria por 8 horas. Escorrer.
2. Cozinhar o feijão em 1 1/2 litro de água por 1 hora. Em seguida, escorrer e reservar o líquido do cozimento.
3. Em uma vasilha grande, colocar o sal, a pimenta, o açúcar e a mostarda. Misturar bem.
4. Acrescentar o feijão escorrido e, em seguida, juntar a cebola. Adicionar a água do cozimento até cobrir o feijão. Por cima, dispor o toucinho e cobrir com papel-alumínio. Levar ao forno por 4 horas. Verificar a quantidade de água após 1 hora e 30 minutos e, se necessário, acrescentar mais um pouco, sem deixar ultrapassar o nível do feijão.
5. Vinte minutos antes de retirar o feijão do forno, remover o papel-alumínio para que se crie uma crosta na superfície. Servir acompanhado de pão-preto.

*Vinho:* A doçura do prato concorda com a de um bom Lambrusco Reggiano, que ainda traz efervescência para o feijão e o toucinho, taninos para a suculência do prato e corretas estrutura e intensidade olfativas.

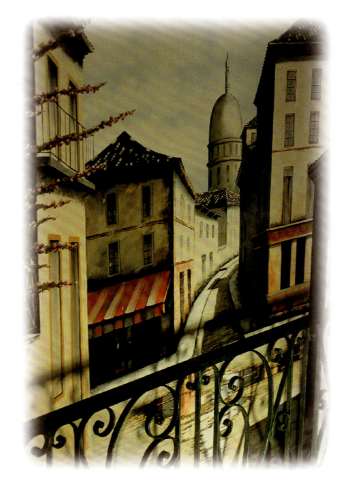

## Marcel

### São Paulo

400g de feijão-jalo

1 1/2 litro de água

5g de sal (1 colher de chá)

pimenta-do-reino a gosto

30g de açúcar mascavo (3 colheres de sopa)

3g de mostarda em pó (1/2 colher de chá)

100g de cebola (1 unidade grande)

150g de toucinho magro fatiado

**Utensílios necessários:**

escorredor, papel-alumínio

1. Na frigideira, colocar o vinho e cozinhar o polvo inteiro por 10 minutos de cada lado até ficar macio.
2. Para o molho vinagrete: colocar o suco do limão junto com o azeite. Adicionar sal e pimenta e misturar bem.
3. Cortar o polvo cozido em rodelas e juntar ao molho vinagrete e ao feijão. Reservar.
4. Cortar o tomate e o aipo em tirinhas. Lavar a salsa, deixando as folhas inteiras.
5. Colocar o tomate e o aipo junto com as folhas de salsa e formar um leito.
6. Cobrir com o polvo frio ou morno e decorar com as alcaparras.

*Vinho:* Um Vernaccia di San Gimigniano mais consistente na boca equilibrando-se para o lado da maciez glicérico-alcoólica.

## Salada de Polvo e Feijão-Branco

### MARGUTTA

RIO DE JANEIRO

200ml de vinho branco seco (1 copo)

1kg de polvo

100g de feijão-branco cozido

180g de tomate maduro (2 unidades: 1 grande e 1 média)

80g de aipo (1 unidade média)

1 maço de salsa

20g de alcaparras (2 colheres de sopa) para decorar

Para o molho vinagrete:

suco de 2 limões coado (4 colheres de sobremesa)

40ml de azeite extravirgem (4 colheres de sopa)

sal e pimenta-do-reino a gosto

Utensílio necessário:

frigideira grande

# Portugallia

## Belo Horizonte

400g de bacalhau salgado

5 litros de água

300g de feijão-fradinho

50ml de azeite (5 colheres de sopa)

40ml de vinagre balsâmico (4 colheres de sopa)

6g de sal (3 colheres de café)

60g de cebolinha picadinha (6 colheres de sopa)

50g de cebola ralada (1 unidade média)

ramos de salsa para decorar

1. Dessalgar* o bacalhau, colocando-o de molho em 2 litros de água com a pele para cima. Deixar na geladeira por 36 horas, trocando a água, no mínimo, 6 vezes.
2. Cozinhar o feijão durante 50 minutos em 3 litros de água.
3. Aferventar o bacalhau e cortar em lascas.
4. Misturar o bacalhau ao feijão cozido *al dente*. Reservar.
5. Misturar o restante dos ingredientes e acrescentar ao bacalhau. Decorar com os ramos de salsa.

*Vinho*: A robustez de um Encruzado barricado do Dão amortece a acidez do balsâmico, enaltece os aromas do bacalhau e, por fim, contrasta com a untuosidade agregada pelo azeite.

*Salada de Feijão-Fradinho com Bacalhau*

### Preparo do molho de camarão:

1.   Descascar os camarões e retirar as cabeças. Reservá-las com as cascas.
2.   Refogar no azeite-de-dendê junto com a cebola.

### Preparo do molho de pimenta:

1.   Retirar os olhos e as barbas dos camarões.
2.   Torrar as cabeças e as cascas.
3.   Bater no liqüidificador e reservar.
4.   Refogar no azeite-de-dendê o pó do camarão obtido ao batê-lo no liqüidificador e a pimenta-malagueta picadinha.

### Modo de fazer:

1.   Bater o feijão no liqüidificador. Lavar em água corrente. Cobrir com água e deixar de molho por 12 horas.
2.   Escorrer. Retirar as cascas. Juntar o sal e bater novamente no liqüidificador até obter uma massa.
3.   Acrescentar a cebola ralada à massa de feijão, batendo fortemente com uma colher de pau por cerca de 40 minutos.
4.   Colocar o litro de azeite-de-dendê na frigideira junto com a cebola inteira. Levar ao fogo alto. Quando a cebola começar a soltar fumaça, preparar os acarajés com uma colher e fritá-los usando a escumadeira até ficarem dourados.
5.   Escorrer no papel absorvente e rechear com o molho de camarão e o molho de pimenta. Pode-se rechear também com vatapá e/ou salada verde com tomate e cebola picados.

*Vinho*: Sabores marcantes neste típico prato de agregação de componentes, harmoniosamente contrastados pela pungência de um Fino de Montilla-Moriles.

*Acarajé Rancho Inn*

# Rancho Inn

### Rio de Janeiro

**Para o molho de camarão:**

150g de camarão seco defumado

40ml de azeite-de-dendê (4 colheres de sopa)

100g de cebola cortada em fatias finas (1 unidade grande)

**Para o molho de pimenta:**

cascas e cabeças de camarões reservados da receita do molho

40ml de azeite-de-dendê (4 colheres de sopa)

3 pimentas-malagueta bem amassadas

500g de feijão-fradinho

5g de sal (1 colher de chá)

50g de cebola ralada (1 unidade média)

1 litro de azeite-de-dendê para fritar

50g de cebola inteira (1 unidade média)

**Utensílios necessários:**

liqüidificador, escorredor, colher de pau, escumadeira, papel absorvente

## Tutu de Feijão

1. Colocar o feijão de molho por 4 horas. Escorrer e levar ao fogo em 5 litros de água por 1 hora e 40 minutos com o louro. Escorrer e reservar.
2. Cortar a cebola e o *bacon* em cubinhos bem pequenos e a lingüiça em rodelas.
3. Dourar o *bacon* e a lingüiça em uma panela sem gordura.
4. Depois que o *bacon* e a lingüiça estiverem bem dourados, acrescentar a cebola batida e deixar dourar mais um pouco.
5. Bater o feijão no liqüidificador e acrescentar à panela.
6. Corrigir o sal e deixar ferver.
7. Juntar a farinha de mandioca e deixar ferver mais um pouco, mexendo bem.

*Vinho*: Um Morellino di Scansano despretensioso, com notas de evolução no aroma, um toque de dureza na boca e um retrogosto com boa duração.

### XAPURI

BELO HORIZONTE

750g de feijão-preto

5 litros de água

2 folhas de louro

30g de cebola (1 unidade pequena)

70g de *bacon*

150g de lingüiça

sal a gosto

120g de farinha de mandioca (1 xícara bem cheia)

Utensílios necessários:

escorredor, liqüidificador

Preparo do molho:
1. Reduzir* o vinagre balsâmico em fogo alto por 15 minutos e misturar com o molho *teriyaki*.

Preparo da guacamole:
1. Amassar grosseiramente o abacate. Em seguida, misturá-lo aos demais ingredientes.

Preparo da *tempura*:
1. Para a massa: misturar a farinha, o fermento, a água, a gema e o sal até virar uma massa homogênea e lisa. Reservar.
2. Cozinhar o broto de feijão em água fervente por um minuto. Escorrer a água e colocá-lo no *mirin* gelado.
3. Dividir o broto de feijão em 8 porções, apertando bem para escorrer o líquido. Fazer 8 ninhos e reservar. Passar os ninhos na massa de *tempura* e fritar até que fiquem dourados.

Montagem:
1. Colocar a *tempura* já frita no centro do prato e guarnecer com a guacamole. Regar com o molho.

*Vinho*: Um intenso Champagne *sec*, com sua acidez persuasiva para fazer frente à guacomole e à *tempura*, e seus 17g a 35g de açúcar para a contraposição ao balsâmico e aos limões.

*Tempura de Broto de Feijão com Guacamole Oriental*

# Sushi Leblon
### Rio de Janeiro

**Para o molho *teriyaki*:**

200ml de vinagre balsâmico (1 copo)

100ml de molho *teriyaki* (10 colheres de sopa)

**Para a guacamole:**

2 abacates médios

50ml de molho shoyu (5 colheres de sopa)

3g de cebola roxa picadinha (1 colher de café)

3g de gengibre em pasta (1 colher de café)

3g de pimenta dedo-de-moça (1 colher de café)

suco de 2 limões sicilianos coado (4 colheres de sobremesa)

**Para a *tempura*:**

210g de farinha de trigo (2 xícaras bem cheias)

10g de fermento em pó (2 colheres de chá)

350ml de água (2 copos rasos)

1 gema

5g de sal (1 colher de chá)

1kg de broto de feijão

300ml de saquê *mirin* (1 1/2 copo)

1 litro de óleo para fritura

**Utensílio necessário:**

escorredor

1. Cozinhar o feijão na água por 2 horas. Coar e reservar o líquido do cozimento.
2. Descascar os tomates e tirar as sementes.
3. Bater os tomates e o feijão no liqüidificador. Temperar com sal e pimenta.
4. Acrescentar ao purê obtido com a mistura do feijão e do tomate, o vinagre e o azeite. Juntar o alho, as *échalotes* e as fatias do cerefólio. Se o purê continuar grosso, adicionar o líquido do cozimento do feijão.
5. Deixar resfriar por 2 horas. Colocar a sopeira sobre cubos de gelo. Servir gelado. Adicionar 1 colher generosa de caviar sobre o creme.

*Vinho*: A riqueza e intensidade no plano olfativo, o calor alcoólico e um toque de frescor de um grande Trebbiano d'Abruzzo, elaborado com a casta Bombino Bianco, farão o contraste desejável com essa sopa cheia de personalidade.

*Sopa Fria de Feijão*

## VINHERIA PERCUSSI
São Paulo

250g de feijão-branco

2 1/2 litros de água

2kg de tomate graúdo

sal e pimenta-do-reino a gosto

10ml de vinagre de vinho (1 colher de sopa)

200ml de azeite (20 colheres de sopa)

15g de alho (3 dentes)

15g de *échalotes* picadas (3 unidades)

cerefólio fatiado

cubos de gelo

60g de caviar

Utensílios necessários:

coador, liqüidificador, sopeira

## Nhoque dos Camponeses para Pavarotti

### Preparo do molho:

1. Cozinhar o feijão com o louro, o sal e os grãos de pimenta em 1 litro de água. Escorrer após 40 minutos e reservar.
2. Refogar a cebola e a lingüiça na manteiga e ajustar o sal. Reservar.
3. À parte, refogar os feijões no azeite com a sálvia e deixar tomar gosto. Juntar o tomate, a cebola e a lingüiça, deixando no fogo por alguns minutos.
4. Corrigir o sal e a pimenta.

### Preparo do nhoque:

1. Deixar o pão de molho no leite e no creme de leite. Adicionar a pitada de sal. Depois de amolecido, passar por um moedor ou centrífuga.
2. Juntar ao pão a farinha, o *parmigiano reggiano*, a manteiga, a noz-moscada e a gema. Amassar bem, ajustar o sal e fazer os nhoques não muito grandes.
3. Ferver 5 litros de água em uma panela e colocar aos poucos os nhoques até que estes levantem à superfície. Retirar com a escumadeira.
4. Adicionar o molho e finalizar, salpicando com a salsa e polvilhando o *parmigiano reggiano* sobre o molho.

*Vinho*: A esses sabores camponeses associo o caráter de um Chianti da denominação Rufina.

## EMPÓRIO RAVIÓLI
### São Paulo

Para o molho:
400g de feijão-rajado fresco
3 folhas de louro
sal a gosto
12 grãos de pimenta-do-reino
1 litro de água
120g de cebola cortada bem fino (2 1/2 unidades médias)
200g de lingüiça calabresa fresca, sem pele e picada
80g de manteiga sem sal (3 colheres de sopa)
160ml de azeite extravirgem (16 colheres de sopa)
6 folhas de sálvia
520g de tomate bem maduro, sem pele e sem semente (6 1/2 unidades médias)
sal e pimenta-do-reino a gosto

Para o nhoque:
240g de pão amanhecido
200ml de leite integral (1 copo)
160ml de creme de leite fresco (1 copo)
1 pitada de sal
280g de farinha de trigo (3 xícaras)
80g de queijo *parmigiano reggiano* (8 colheres de sopa)
40g de manteiga sem sal derretida (1 1/2 colher de sopa)
noz-moscada a gosto
gema de 1 ovo pequeno
5 litros de água
15g de salsa picada (1 1/2 colher de sopa)
queijo *parmigiano reggiano* para polvilhar

Utensílios necessários:
escorredor, processador de alimentos ou centrífuga, escumadeira

1. Misturar a farinha, os ovos, as gemas e o sal numa vasilha até virar uma massa homogênea. Cobrir com um pano úmido e deixar descansar por 1 hora.
2. Usar o cilindro para laminar e fazer folhas retangulares. Recortar as folhas grosseiramente para obter uma massa do tipo *pappardelle*, curtas e mal recortadas.
3. Em uma panela, colocar 2 litros de água salgada, a cebola, a cenoura, os talos de aipo, a batata e o tomate e deixar ferver para obter o caldo de legumes. Separar as batatas, coar o caldo e reservar.
4. À parte, cozinhar o feijão-mulatinho em 2 litros de água por 2 horas. Quando o feijão estiver quase pronto, escorrer, separar 1/3 de seu conteúdo e bater no liqüidificador.
5. Na caçarola, colocar o azeite e a banha de porco para refogar em fogo brando junto com a cebola. Deixar a cebola ficar bem transparente, sem dourar, e juntar o extrato de tomate. Ferver um pouco e acrescentar o caldo de legumes e o feijão cozido.
6. Adicionar as batatas que foram reservadas e o feijão batido. Ajustar o sal e deixar ferver novamente.
7. Quando o caldo ferver, colocar os pedaços pequenos da massa e deixar cozinhar por cerca de 4 minutos. Servir bem quente e, se desejar, polvilhar com parmesão.

*Vinho:* Harmonia por tradição, sem apartar-se da técnica: um Sangiovese di Romagna, da zona de Forlì.

## Rasgados de Massa com Feijão à Romana

## ARLECCHINO

RIO DE JANEIRO

**Para a massa:**

400g de farinha de trigo de grão duro (4 xícaras)

2 ovos inteiros

6 gemas

5g de sal (1 colher de chá)

**Para o caldo de legumes:**

2 litros de água salgada a gosto

50g de cebola picada (1 unidade média)

100g de cenoura picada em pedaços médios, sem casca (2 unidades médias)

80g de aipo picado em pedaços médios

200g de batata sem casca picada em pedaços pequenos (2 unidades médias)

160g de tomate sem pele maduro, inteiro (2 unidades médias)

**Para o caldo:**

200g de feijão-mulatinho

100ml de azeite extravirgem (10 colheres de sopa)

50g de banha de porco

50g de cebola picada (1 unidade média)

100g de extrato de tomate (8 colheres de sopa)

sal e pimenta-do-reino a gosto

**Utensílios necessários:**

cilindro para massa, coador, escorredor, liqüidificador, caçarola

**Obs.:** Desejando usar massa para *pappardelle* já pronta, basta cortá-la grosseiramente em pedaços.

1.  Deixar o feijão de molho em água fria por 4 horas, escorrer. Cozinhá-lo nos 2 litros de água com o aipo e metade da sálvia por 2 horas.
2.  Ferver o *bacon* numa pequena panela por 10 minutos. Escorrer a água e cortá-lo em cubinhos, separando a carne magra da gordura. Reservar a carne magra. Picar a gordura bem fino e refogá-la numa frigideira com o óleo, a cebola, o restante da sálvia, o alecrim e o alho. Deixar cozinhar por 4 a 5 minutos.
3.  Misturar o feijão cozido e escorrido ao molho feito com a gordura do *bacon*.
4.  Acrescentar o sal, a pimenta, o tomate, o *bacon* em cubinhos e o vinho.
5.  Deixar descansar por alguns minutos para que os ingredientes se integrem.

*Vinho*: Um Rosso Piceno, da região do Marche, de médio corpo e com equilíbrio ligeiramente voltado para a dureza dos taninos comporá um belo quadro da Itália central.

## Feijão Cannellini com Sálvia e Bacon

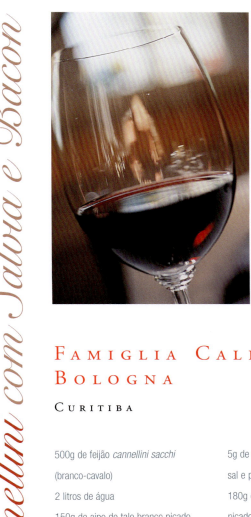

# FAMIGLIA CALICETI-BOLOGNA

### CURITIBA

500g de feijão *cannellini sacchi* (branco-cavalo)

2 litros de água

150g de aipo de talo branco picado (4 unidades)

2 folhas de sálvia picadas

125g de *bacon* defumado com gordura

10ml de óleo (1 colher de sopa)

50g de cebola picada (1 unidade média)

1 galho pequeno de alecrim

5g de alho picado (1 dente)

sal e pimenta-branca a gosto

180g de tomate sem pele maduro e picado em cubinhos (2 unidades: 1 média e 1 grande)

50ml de vinho tinto seco leve (5 colheres de sopa)

**Utensílio necessário:**

escorredor

## Preparo da massa:

1. Bater no liqüidificador o azeite, o cheiro-verde e os ovos.
2. Despejar o conteúdo do liqüidificador numa tigela e misturar com a farinha. Trabalhar a massa com as mãos por 10 minutos e deixar descansar por 1 hora.
3. Dividir a massa em 3 porções e passá-las separadamente no cilindro.
4. Numa panela com água fervente, cozinhar a massa até ficar *al dente*. Retirar e lavar em água fria. Escorrer e deixar repousar sobre um pano seco.

## Preparo do recheio:

1. Numa panela à parte, misturar o feijão, o charque, o queijo de coalho, o alho frito e o molho bechamel* ainda quente. Ao final, juntar o creme de leite, o sal e a pimenta.
2. Para montar a lasanha, untar levemente as 4 formas refratárias com manteiga. Colocar o recheio, espalhando-o de maneira uniforme. Cobrir com a massa e repetir a operação mais uma vez. Ao final, espalhar um pouco do molho bechamel* e polvilhar com o parmesão ralado. Levar ao forno por 15 minutos. Servir em seguida.

*Vinho:* Um ótimo Cabernet Sauvignon da Serra Gaúcha, de média estrutura, acidez agradável e dotado de notas herbáceas, engrandece bastante essa lasanha de feitio nordestino.

# Chez Georges

Olinda

Para a massa:
10ml de azeite (1 colher de sopa)
1/2 maço de cheiro-verde
2 ovos
250g de farinha de trigo (2 1/2 xícaras)

Para o recheio:
350g de feijão-verde cozido
200g de charque desfiado acebolado
300g de queijo de coalho cortado em cubinhos
50g de alho picado e frito (10 dentes)
300ml de molho bechamel* (molho branco) (2 1/2 copos)

50ml de creme de leite (5 colheres de sopa)
sal e pimenta-do-reino a gosto
manteiga para untar as formas
50g de parmesão ralado (5 colheres de sopa)

Utensílios necessários:
liqüidificador, cilindro (para massa), escorredor, 4 formas refratárias de 19cmx10cm

Preparo do caldo de carne:

1. Juntar todos os ingredientes numa panela e ferver por cerca de 1 hora.
2. Coar e levar o caldo novamente à panela, deixar ferver e reduzir* até chegar a 2 litros.

Preparo do espaguete:

1. Cozinhar o feijão no caldo de carne até ficar *al dente*. Acrescentar água ao caldo se necessário. Reservar 200g dos grãos de feijão.
2. Bater no liqüidificador o restante do feijão, inclusive o caldo.
3. Derreter o *bacon* em uma panela à parte. Fritar a cebola e o alho na gordura do *bacon*. Acrescentar os grãos reservados e a pimenta. Fritar mais um pouco até que todos os ingredientes se incorporem. Acrescentar o feijão batido e deixar ferver em fogo baixo até virar um creme. Acertar o sal.
4. Quando o creme de feijão estiver quase pronto, cozinhar o espaguete à parte até a massa ficar *al dente*. Escorrer.
5. Montagem: dispor o espaguete no centro do prato, formando um ninho. Por cima, colocar o creme de feijão, tendo o cuidado de arrumar os grãos. Polvilhar com o parmesão ralado e fazer desenhos com pedaços de pimenta dedo-de-moça no prato.

*Vinho:* A tendência ao doce do creme de feijão e da massa casa bem com a acidez de um jovem Crozes-Hermitage, que ainda combina com o prato nos quesitos corpo, intensidade do olfato e fim-de-boca.

## Espaguete com Creme de Feijão

# Gosto com Gosto

Visconde de Mauá

Para o creme de feijão:

500g de feijão-mulatinho

2 litros de caldo de carne

200g de *bacon* picado

100g de cebola cortada bem fino (1 unidade grande)

30g de alho picado (6 dentes)

5g de pimenta dedo-de-moça cortada bem fina

sal a gosto

400g de espaguete

120g de parmesão ralado (12 colheres de sopa)

Para o caldo de carne:

1kg de músculo

4 litros de água

50g de cenoura (1 unidade média)

50g de aipo

100g de cebola (1 unidade grande)

sal e pimenta-do-reino a gosto

Utensílios necessários:

coador, liqüidificador, escorredor

1.   Cozinhar cada um dos 3 tipos de feijão em 1 litro de água: vermelho, 2 horas; branco, 2 horas; fava verde, 1 hora e 40 minutos. Reservar.
2.   Fatiar o presunto, hidratar* o *funghi porcini* em 1/2 litro de água por 20 minutos. Escorrer reservando o caldo.
3.   Dourar a cebola na manteiga e acrescentar o arroz. Misturar 1 copo do caldo de frango com a água utilizada para hidratar o *funghi* e adicionar ao arroz. Juntar o vinho e mexer. À medida que o líquido for se reduzindo, acrescentar mais caldo, mexendo até o arroz ficar *al dente*.
4.   Adicionar os feijões, o presunto e o *funghi* e mexer por mais ou menos 5 minutos. Juntar o queijo parmesão e a salsa. Mexer por mais 2 minutos e servir imediatamente.

*Vinho*: A austeridade de um piemontês, como um Barbaresco, engendra o contraponto necessário à suculência, à riqueza amilácea e, finalmente, à untuosidade desta receita.

## Risoto de Feijões com Parma e Porcini

### ENOTRIA
RIO DE JANEIRO

35g de feijão-vermelho

30g de feijão-branco

35g de fava verde

3 1/2 litros de água

80g de presunto de Parma

100g de *funghi porcini*

10g de cebola (1 colher de sopa)

20g de manteiga (1 colher de sopa rasa)

500g de arroz *arborio* não lavado

2 1/2 litros de caldo de frango (ver receita na p. 49)

20ml de vinho tinto (2 colheres de sopa)

80g de parmesão (8 colheres de sopa)

5g de salsa picada (1/2 colher de sopa)

Utensílio necessário:

escorredor

1. Cozinhar o feijão durante 1 hora e 20 minutos em 4 litros de água com o louro.
2. Separar 2 xícaras do feijão já cozido, amassar e colocar em uma panela com o restante do feijão. Misturar tudo e cozinhar em fogo baixo por mais 20 minutos.
3. Numa frigideira, fritar a cebola e o *bacon*. Assim que o *bacon* estiver bem frito, acrescentá-lo ao feijão e, em seguida, colocar os demais ingredientes, deixando a farinha por último.
4. Cozinhar por mais 10 minutos em fogo baixo, mexendo bem. Servir imediatamente.

*Vinho*: Fresca em acidez e firme quanto aos taninos, uma perfumada Freisa do Piemonte é ideal na limpeza da "cobertura" gerada pelo feijão no palato.

## La Caceria

### Gramado

*Mexido de Feijão*

600g de feijão-preto

4 litros de água

1 folha de louro

100g de cebola picada (1 unidade grande)

150g de *bacon* picado

25g de sal (5 colheres de chá)

3g de manjerona picada (1 colher de chá)

pimenta-do-reino e pimenta-malagueta em conserva a gosto

50g de farinha de trigo (1/2 xícara)

1. Colocar a farinha no meio de uma mesa (de madeira ou mármore) e fazer um buraco no centro da farinha. Inserir os ovos e o azeite. Com a ajuda de um garfo, incorporar a farinha, no sentido do buraco para fora. À medida que o buraco for se expandindo, levantar a farinha da base do monte para conservar a forma.

2. Amassar bem com a palma das mãos. Quando a massa estiver homogênea, retirar e limpar bem a mesa. Jogar farinha sobre a massa e continuar amassando por mais 5 minutos. A massa deve estar elástica e pegajosa.

3. Embrulhar a massa no filme plástico e deixar descansar por 30 minutos à temperatura ambiente. Dividir em quatro porções iguais e esticar cada uma o mais fino possível.

4. Enquanto a massa descansa, preparar o recheio. Bater 1 xícara de feijão com o ovo, o azeite, o vinagre balsâmico, o parmesão e a salsa num processador até obter uma consistência macia. Numa bacia, misturar o conteúdo batido com o restante do feijão.

5. Cortar cada tira de massa em 8 quadrados de 9cm. Colocar 1 1/2 colher de sopa do recheio no meio de cada quadrado e fechar no sentido diagonal, formando um triângulo. Pressionar firmemente as bordas para fechar bem. Rende cerca de 32 raviólis.

6. Para o molho: na frigideira grande, dourar o alho e a pimenta-verde em azeite por cerca de 2 minutos. Tirar as pontas dos tomates, cortá-los em cubos de 2cm e juntar ao alho e à pimenta. Cozinhar por aproximadamente 10 minutos até começar a tomar consistência de molho. Juntar os lagostins, o basilicão e a casca de limão e acertar o sal e a pimenta.

7. Cozinhar os raviólis em uma quantidade abundante de água fervente e salgada até que eles subam à superfície (cerca de 3 minutos). Coar os raviólis. Juntar o molho e servir.

*Vinho:* Da província de Avellino, na Campania, vem um branco de alma irrepreensivelmente mediterrânea: o Greco di Tufo. Glicericamente macio para os elementos ácidos do prato e alcoolicamente quente para enxugar a dupla suculência/untuosidade.

*Ravióli de Feijão-Branco com Lagostins*

### SPLENDIDO RISTORANTE
#### BELO HORIZONTE

**Para a massa:**

400g de farinha de trigo especial (4 xícaras)

4 ovos grandes

10ml de azeite extravirgem (1 colher de sopa)

**Para o recheio:**

500g de feijão-branco em lata

1/2 ovo (bater clara e gema com um garfo e dividir o conteúdo pela metade)

50ml de azeite extravirgem (5 colheres de sopa)

25ml de vinagre balsâmico (2 1/2 colheres de sopa)

60g de queijo parmesão ralado (6 colheres de sopa)

10g de salsa picada (1 colher de sopa)

**Para o molho:**

15g de alho fatiado fino (3 dentes)

1 pimenta-verde suave picada

100ml de azeite extravirgem (10 colheres de sopa)

1/2kg de tomate (5 unidades grandes)

2 1/2kg de lagostins cozidos e descascados

50g de folhas de basilicão

20g de casca de limão cortada à juliana* (1 colher de chá)

sal e pimenta-do-reino a gosto

**Utensílios necessários:**

filme plástico, processador de alimentos, bacia, frigideira grande, coador

80

# O Navegador

### Rio de Janeiro

## Ravióli de Feijão-Preto

### Preparo da massa:
1. Fazer um monte com a farinha, formando uma cova no centro e nela adicionar os demais ingredientes. Misturar levemente com a mão, fazendo movimentos circulares para que o líquido seja incorporado à massa.
2. Trabalhar a massa com as mãos. Deixar descansar por 2 horas.
3. Assim que o recheio estiver pronto, passar a massa no cilindro e cobrir cada camada com o filme plástico para não ressecar.

### Preparo do recheio:
1. Fritar o *bacon* e escorrer a metade da gordura. Juntar a cebola, o alho, a cebolinha, o coentro e o feijão cozido e escorrido.
2. Refogar e amassar bastante usando o amassador de metal.
3. Deixar esfriar completamente.

### Montagem:
1. Abrir a massa e fazer retângulos de 10cm x 7cm.
2. Preencher cada ravióli com 1 colher de sopa cheia do recheio.
3. Fechar o ravióli apertando as pontas.
4. Cozinhar em água fervente abundante e salgada.
5. Servir com molho de tomate e coentro.

*Vinho:* Um Barbera argentino de médio calibre, com frescor que caracteriza essa casta do Piemonte, e sem a influência exagerada de carvalho novo.

### Para a massa:
600g de farinha de trigo (6 xícaras)
3 ovos inteiros
20g de sal (4 colheres de chá)
sumo e casca ralada fino de 1/2 limão (7ml de sumo e 20g de raspa)
30g de alho (6 dentes)
20g de cebolinha (2 colheres de sopa)
10g de coentro picado (1 colher de sopa)
500g de feijão-preto cozido em 6 litros de água com 1 folha de louro por 3 horas

### Para o recheio:
200g de *bacon* picado
50g de cebola (1 unidade média)

### Utensílios necessários:
cilindro nº 1, filme plástico, escorredor, amassador de metal

81

1. Cozinhar o feijão por 3 horas na água junto com 1 dente de alho, as folhas de louro, a costelinha de porco e o *bacon* até ficar bem cozido. Escorrer a água, bater o feijão no liqüidificador e passar na peneira enquanto ainda estiver quente.

2. Adicionar os ovos inteiros, o leite, o sal, a pimenta-branca, a noz-moscada, as 2 claras em neve e a farinha peneirada até dar o ponto de massa líquida para fazer as *galettes*.

3. Ferver a manteiga até reduzir,* descartando cuidadosamente a espuma que se formar. Misturar o alecrim e 1 dente de alho picadinho na manteiga para aromatizá-la.

4. Com a concha, despejar a massa em uma frigideira com a manteiga aromatizada, dourando ambos os lados. A massa deverá render 4 *galettes*.

5. À parte, preparar o quiabo, cortando-o em pequenas rodelas. Em seguida, passar o quiabo em água fervendo com sal e um pouco de vinagre. Enxaguar em água corrente. Escorrer e saltear* em uma frigideira quente com o azeite e a cebola. Adicionar o tomate e os dentes de alho restantes.

6. Montagem: na hora de servir, juntar o vinagre tinto ao quiabo, corrigir o sabor e acrescentar a manteiga. Distribuir as *galettes* em cada prato e colocar as porções do quiabo e seu vinagrete de forma que não escondam as *galettes*. Salpicar a *ciboulette* e o coentro. Servir quente.

*Vinho:* Harmonia trabalhosa, vinho polivalente: um Recioto della Valpolicella. A maciez lograda pelo trinômio álcool-glicerina-açúcar residual para amortecer o vinagre e enxugar a untuosidade; a sapidez da corvina e a acidez da molinara dialogando com as *galettes* e, finalmente, a intensidade e a persistência do paladar e dos aromas do vinho em concordância com as do prato.

## Galette de Feijão-Preto com Vinagrete de Quiabo

### BOULEVARD
#### CURITIBA

300g de feijão-preto

3 litros de água

15g de alho (3 dentes)

2 folhas de louro

65g de costelinha de porco

30g de *bacon*

2 ovos inteiros

50ml de leite (5 colheres de sopa)

sal e pimenta-branca a gosto

1 pitada de noz-moscada

2 claras batidas em neve

50g de farinha de trigo

100g de manteiga (4 colheres de sopa)

5g de alecrim (1 colher de chá)

400g de quiabo bem fresco

150ml de vinagre tinto de ótima qualidade (1 1/2 copo)

10ml de azeite (1 colher de sopa)

50g de cebola picada (1 unidade média)

100g de tomate picado, sem pele e sem semente (1 unidade grande)

75g de manteiga gelada e sem sal (3 colheres de sopa)

10g de *ciboulette* picada (1 maço)

10g de coentro picado (1 colher de sopa)

Utensílios necessários:

escorredor, liqüidificador, peneira, concha, 4 pratos fundos

1. Cozinhar o feijão-verde nos 3 litros de água por 1 hora e 20 minutos.

2. Numa panela à parte, aquecer o óleo em fogo alto e fritar o *bacon* e a lingüiça. Acrescentar 20ml de manteiga de garrafa, os extratos de alho e cebola, o coentro e o tomilho. Em seguida, colocar um pouco do feijão, os miolos de pão e o queijo de coalho cortado em cubinhos. Mexer até obter uma boa consistência.

3. Colocar essa massa no aro e prensar delicadamente, formando uma *tortilla*. Cobrir com o queijo de coalho ralado e levar ao forno para gratinar.*

4. Esquentar a frigideira e colocar 30g de goma de tapioca fresca previamente peneirada. Passados alguns minutos, virar a goma do outro lado e retirar a frigideira do fogo. Repetir o processo 3 vezes para obter 4 tapiocas.

5. Montagem: em cada prato, colocar uma das 4 tapiocas. Em seguida, molhar cada uma delas com o leite de coco e o restante da manteiga de garrafa. No centro de cada prato, dispor uma *tortilla* de feijão gratinada. Colocar o ramo de salsa crespa no centro para decorar e polvilhar com a salsa picada ao redor do prato, sem deixar cair sobre a tapioca.

*Vinho:* Um tinto de boa acidez, frutado, com uma presença de boca marcante, mas de corpo médio. Vamos a um Pinot Noir da Nova Zelândia, de estilo mais jovem, menos complexo.

*Delicia do Sertão*

# Moana

### Fortaleza

270g de feijão-verde

3 litros de água

10ml de óleo (1 colher de sopa)

120g de *bacon* em cubinhos

120g de lingüiça calabresa em cubinhos

100ml de manteiga de garrafa
(10 colheres de sopa)

80g de extrato de alho (8 colheres de sopa)

80g de extrato de cebola (8 colheres de sopa)

10g de coentro picado (1 colher de sopa)

10g de tomilho (1 colher de sopa)

miolo de 4 unidades de pão francês

120g de queijo de coalho fresco em cubinhos

80g de queijo de coalho fresco ralado grosso

120g de goma de tapioca fresca (1 xícara bem cheia)

60ml de leite de coco (6 colheres de sopa)

1 ramo de salsa crespa para decorar

10g de salsa picada (1 colher de sopa)

Utensílios necessários:

aro de inox de aproximadamente 12cm, ralador, peneira, frigideira antiaderente, 4 pratos de 27cm de diâmetro

83

Moana – *Delícia do Sertão*

1. Cortar a lingüiça calabresa em rodelas finas. Fritar no azeite a lingüiça, a cebola e o alho. Em seguida, refogar a couve picadinha nessa mistura.
2. Em fogo baixo, acrescentar aos poucos o feijão cozido e a pimenta-do-reino.
3. Adicionar a farinha de mandioca em pequenas porções, mexendo sempre com um garfo até obter uma consistência úmida. Verificar o sal. Colocar mais se necessário.
4. Em uma panela à parte, refogar o arroz e o alho no azeite até dourar.
5. Cortar a batata-doce em cubos. Adicionar o sal e a batata-doce picada à panela em que está o arroz. Acrescentar a água bem quente até o completo cozimento do arroz.
6. Montagem: na hora de servir, misturar a cebolinha ao feijão. Arrumar o prato, colocando o feijão de um lado e o arroz de outro. Decorar com 1 ramo de salsa e rodelas de pimenta dedo-de-moça.

*Vinho*: A deliciosa acidez de um Bairrada tinto, além de sua natural dose de rusticidade, torna esse vinho o parceiro ideal e despojado para o prato.

# PAPAGUTH

VITÓRIA

Para o feijão:

150g de lingüiça calabresa

30ml de azeite (3 colheres de sopa)

100g de cebola roxa cortada em rodelas (1 unidade grande)

10g de alho (2 dentes)

1 maço de couve

500g de feijão-carioquinha cozido em 2 litros de água por 1 hora e 40 minutos

sal e pimenta-do-reino a gosto

50g de farinha de mandioca (1/2 xícara)

Para o arroz:

200g de arroz (2 xícaras)

10g de alho picado (2 dentes)

40ml de azeite (4 colheres de sopa)

100g de batata-doce (2 unidades grandes)

5g de sal (1 colher de chá)

400ml de água quente (4 copos)

20g de cebolinha verde picada (2 colheres de sopa)

1 maço de salsa para decorar

1 pimenta dedo-de-moça

*Feijão Caipira*

87

1. Deixar o feijão de molho por 12 horas até ficar bem macio. Cozinhar em água e sal por cerca de 1 hora e 40 minutos, escorrer e deixar esfriar. Passar pelo processador até virar uma pasta granulada, sem triturar demais os grãos.
2. Colocar a pasta de feijão na tigela e juntar o ovo, o parmesão, a cenoura, o aipo, a hortelã e a noz-moscada. Acertar o sal e adicionar uma pitada de pimenta. Misturar tudo muito bem até formar uma massa. Fazer as panquecas nos aros. Antes, umedecer as mãos para ajudar nessa formatação.
3. Colocar as panquecas sobre o papel antiaderente e levar ao forno por 20 a 30 minutos, em temperatura média, até secarem e ficarem firmes. Reservar em local aquecido.
4. Dourar 3 colheres de sopa de manteiga na frigideira. Juntar os filés passados na farinha. Deixar dourar de ambos os lados. Retirar os filés da frigideira e mantê-los aquecidos enquanto prepara o molho.
5. Para o molho: usando a mesma frigideira, juntar o suco de laranja e o *curry*. Mexer bem. Deixar reduzir* e juntar as 2 colheres de sopa de manteiga restantes. Acertar o sal. Misturar bem e usar imediatamente.
6. Montagem: no centro de um prato, colocar a panqueca de feijão. Sobre a panqueca, dispor o filé e, em seguida, o molho bem quente. Decorar com um buquê de salsa crespa.

*Vinho:* Um Zinfandel californiano, quente e tânico, mas sobretudo muito intenso em suas notas de fruta madura e especiarias.

## Panqueca Noite de Gala

# QUADRIFOGLIO
### RIO DE JANEIRO

70g de feijão-branco
1 ovo inteiro
20g de parmesão ralado (2 colheres de sopa bem cheias)
100g de cenoura descascada, picada em cubinhos de 0,5cm (1 unidade grande)
50g de aipo sem fio (o melhor de sua parte interior), picado em cubinhos de 0,5cm
3 colheres de sopa de hortelã
1 pitada de noz-moscada
sal a gosto
1 pitada de pimenta-do-reino
150g de manteiga (6 colheres de sopa)
40g de farinha de trigo (4 colheres de sopa)
600g de filé *mignon* (4 bifes de 2cm de altura e circunferência inferior a 8cm)
suco de 4 laranjas-pêra
1 colher de sobremesa de *curry* "suave" *mild* importado
1 buquê de salsa crespa para decorar

**Utensílios necessários:**

escorredor, processador de alimentos, tigela, aros de 8cm de circunferência por 2cm de espessura, papel antiaderente, frigideira grande

# Crustáceos

# Emporium Pax

Rio de Janeiro

500g de feijão-*azuki*

4 litros de água

10ml de óleo de gergelim (2 colheres de chá)

10g de alho picado (2 dentes)

1 maço de *nirá* picado em pedaços de cerca de 3cm

10ml de molho shoyu (2 colheres de chá)

100g de queijo tofu em cubos

1/2 maço de salsa picada

600g de atum (para dividir em 4 porções)

5g de sal (1 colher de chá)

2g de pimenta-do-reino (1 colher de café)

Utensílios necessários:

panela de pressão, escorredor, chapa para grelhar

1. Colocar o feijão na panela de pressão com 4 litros de água. Depois de atingida a pressão, deixar cozinhar por 30 minutos. Escorrer o caldo e reservar.
2. Dourar numa frigideira o óleo de gergelim e o alho.
3. Adicionar o *nirá*, o shoyu, o feijão, o tofu e a salsa. Reservar.
4. Temperar o atum com o sal e a pimenta. Grelhar na chapa quente por 3 minutos.
5. Montagem: colocar o feijão em um prato raso e sobre ele dispor o atum.

*Vinho*: Um Riesling Spätlese, do Rheinpfalz, preferencialmente um *halbtrocken*, trará novas sensações a esse prato sedutor.

Feijão Japa

1. Cozinhar o feijão na água com o sal até ficar *al dente*, por cerca de 1 hora e 40 minutos.
2. Em fogo alto, refogar no azeite a cebola, a cenoura e o aipo até a cebola ficar translúcida. Acrescentar o alho e a pimenta calabresa, deixando dourar ligeiramente. Misturar o polvo, a lula e o tomate e, em seguida, o feijão já cozido. Adicionar água, de maneira que ultrapasse 10% do volume dos ingredientes. Ferver por 15 minutos (é importante não deixar que o feijão desmanche). Acertar o sal.
3. Retirar do fogo, acrescentar a pimenta-do-reino, o vinagre e mais um pouco de azeite.
4. Servir morno em prato de sopa e decorar com as folhas do aipo.

*Vinho*: Exaltam-se com a untuosidade, o calor alcoólico e a fineza de um Tocai Friulano do Collio, no Friuli.

## Frutos do Mar com Feijão

# Dom Giuseppe
### Belém

400g de feijão-branco

3 litros de água

sal a gosto

80ml de azeite extravirgem (8 colheres de sopa)

60g de cebola picada (1 unidade média)

60g de cenoura ralada bem fino (1 unidade média)

60g de aipo (1 1/2 talo)

15g de alho picado (3 dentes)

15g de pimenta calabresa picada bem fino (1 colher de sopa)

200g de polvo limpo

200g de anéis de lulas

120g de tomate maduro picado, sem pele e sem semente (1 1/2 unidade média)

pimenta-do-reino a gosto

60ml de vinagre de vinho branco (6 colheres de sopa)

folhas de aipo para decorar

# Ceviche de Camarões com Feijão Refrito

1. Remover bem as impurezas do feijão, lavá-lo duas vezes e escorrer. Colocar numa panela e cobrir com água. Acrescentar uma cebola com um cravo espetado, 20g da gordura da barriga de porco, o chouriço e a pimenta. Quando ferver, abaixar o fogo e deixar cozinhar até que as cascas do feijão estejam macias. Adicionar o sal e manter em fogo médio até que o feijão esteja cozido e o caldo mais consistente.
2. Retirar a cebola, o chouriço e a pimenta da panela. Passar os grãos de feijão com um pouco do caldo no espremedor de batata e reservar o caldo restante.
3. Numa frigideira, esquentar o restante da gordura de porco e suar* a cebola picadinha. Adicionar, aos poucos, o feijão "amassado", mexendo sempre para que não grude no fundo. A mistura deve ficar bem pastosa e descolar da frigideira.
4. Esfriar o feijão refrito na bacia com gelo e conservar na geladeira em um recipiente fechado.
5. Preparo do *ceviche*: descascar os camarões crus, lavar e colocar na tigela. Acrescentar o suco de limão, o sal, a pimenta, o *chili*, o azeite, o alho, os pimentões e as ervas. Misturar e conservar na geladeira em um recipiente fechado.
6. Preparo do creme de abacate: bater a polpa de abacate no liqüidificador com o suco de limão e o azeite até obter uma mistura cremosa e homogênea. Adicionar o tabasco e o sal. Guardar num recipiente fechado e coberto com o papel-alumínio para não entrar luz e escurecer o creme.
7. Preparo do *concassé*:* misturar todos os ingredientes e conservar na geladeira num recipiente com tampa.
8. Montagem: colocar o feijão refrito, morno, no fundo de uma bela taça de vinho. Em seguida, alternar camadas de tomate, creme de abacate e *sour cream*. Por último, sobrepor os camarões e decorar com o raminho de coentro e uma *ciboulette*. Servir com *totopos* (*tortillas* fritas) ou *crostinis*.

*Vinho:* Um *ceviche* tão perfumado, com sensações de doçura dos feijões, dos camarões e do abacate, merecerá um Sauvignon Blanc neozelandês igualmente perfumado, vivaz e macio.

## CARÊME BISTRÔ
Rio de Janeiro

Para o feijão:

160g de feijão-mulatinho

40g de cebola (1 unidade pequena)

1 cravo

120g de gordura de barriga de porco

60g de chouriço

1 pimenta dedo-de-moça bem pequena

sal a gosto

20g de cebola picadinha (2 colheres de sopa)

Para o *ceviche* de camarão:

400g de camarões médios (vm) limpos

suco de 4 limões (8 colheres de sobremesa)

sal e pimenta-do-reino a gosto

*chili* em pó a gosto

160ml de azeite extravirgem (16 colheres de sopa)

10g de alho picado (2 dentes)

40g de pimentão amarelo em cubinhos (1 unidade média)

40g de pimentão vermelho em cubinhos (1 unidade média)

8g de coentro picado (1 colher de sopa)

8g de estragão picado (1 colher de sopa)

8g de salsa picada (1 colher de sopa)

Para o creme de abacate:

240g de polpa de abacate (1/2 unidade média)

suco de 1/2 limão (1 colher de sobremesa)

15ml de azeite extravirgem (1 1/2 colher de sopa)

tabasco e sal a gosto

Para o *concassé*:*

160g de tomate sem pele e sem semente, em cubinhos (2 unidades médias)

5g de manjericão picado (1 colher de chá)

10ml de azeite extravirgem (1 colher de sopa)

sal a gosto

Para a montagem:

80g de *sour cream* (8 colheres de sopa)

ramos de coentro e galhinhos de *ciboulette* para decorar

Utensílios necessários:

escorredor, espremedor de batata, bacia, tigela de inox, liqüidificador, papel-alumínio, 4 taças de vinho

Carême Bistrô – Ceviche de Camarões com Feijão Refrito

1. Descascar o feijão-verde e cozinhar na água por 1 hora e 20 minutos. Escorrer e lavar em água corrente fria. Reservar.
2. Esquentar o *wok\** e colocar o óleo. Girar a panela para umedecer os lados. Saltear* o atum por 5 minutos ou até estar cozido por fora e cor-de-rosa por dentro.
3. Juntar o tomate, a azeitona e o feijão já cozido. Acrescentar o suco do limão, o alho e os filés de anchova. Mexer. Temperar com sal e pimenta a gosto. Servir junto com as folhas de manjericão.

*Vinho:* Esse sensual diálogo Oriente-Mediterrâneo torna-se ainda mais intenso com o calor de um grande *rosé* da Côte de Provence.

*Salteado de Atum Fresco com Feijão*

## KOJIMA
### RECIFE

300g de feijão-verde
3 litros de água
20ml de óleo (2 colheres de sopa)
600g de atum fresco cortado em cubinhos
250g de tomate-cereja pequeno
50g de azeitona preta pequena (16 unidades)
suco de 1 limão coado (2 colheres de sobremesa)

10g de alho picado fino (2 dentes)
120g de anchova picada fino (8 filés)
sal e pimenta-preta a gosto
30g de manjericão partido (3 colheres de sopa)

Utensílios necessários:
escorredor, 1 *wok\**

## La Vecchia Cucina

São Paulo

500g de feijão-branco

1/2 pé de porco salgado

1 litro de caldo de carne (ver receita na p. 75)

8 folhas de sálvia

30g de alho (6 dentes)

40ml de azeite (4 colheres de sopa)

25g de alho picado (5 dentes)

1kg de camarão médio (vm) limpo

400g de tomate picado, sem pele e sem semente (4 unidades grandes)

sal e pimenta-do-reino a gosto

10g de *ciboulette* (1 colher de sopa)

Utensílios necessários:

panela grande, liqüidificador

## Sopa de Feijão-Branco com Camarões

1. Deixar o feijão-branco de molho por 12 horas. Dessalgar* o pé de porco por 5 horas, trocando a água 2 a 3 vezes.

2. Numa panela grande, colocar o feijão e 1 litro de caldo de carne. Juntar a sálvia, os dentes de alho inteiros e o pé de porco. Deixar o feijão cozinhar por aproximadamente 1 hora e 40 minutos. Separar o caldo do feijão e reservar.

3. Em outra panela, adicionar o azeite, o alho picado e os camarões e refogar por 4 a 5 minutos. Acrescentar o tomate e continuar o cozimento por mais 4 minutos.

4. Bater um pouco mais da metade do feijão no liqüidificador com um pouco do caldo reservado. Juntar aos camarões.

5. À panela do cozimento dos camarões, acrescentar o restante do feijão e do caldo. Deixar cozinhar em fogo baixo por aproximadamente 10 minutos até apurar* um pouco. Ajustar o sal e a pimenta. Regar com um fio de azeite e salpicar *ciboulette*.

*Vinho*: Um Garganega, casta autóctone do Vêneto, ligeiramente barricado, elegante, com fino equilíbrio entre acidez e pseudocalor, protagonizará uma bela harmonia.

## Preparo do caldo de camarão:

1. Remover as caudas dos camarões, deixando apenas as cabeças. Dispor na assadeira e levar ao forno a 160°C por 20 minutos.
2. Enquanto isso, em uma panela, refogar a cebola, o aipo e o alho-poró até ficarem murchos.
3. Retirar do forno as cabeças dos camarões, que estarão tostadas. Adicionar o conhaque à assadeira e deixar deglaçar* até evaporar todo o álcool.
4. Adicionar à panela com os legumes as cabeças dos camarões, os cravos, a pimenta, o extrato de tomate e a água. Ferver por 30 minutos. Coar e deixar esfriar. Reservar.

## Preparo dos camarões:

1. Em uma frigideira, refogar, no azeite (30ml), a cebola, o feijão escorrido (previamente cozido *al dente*) e o manjericão até que a cebola esteja cozida, sem dourar.
2. Enquanto o feijão é refogado, envolver os camarões com as fatias de *bacon*, vestindo-os. Em seguida, colocá-los um a um em um espeto, entremeando com uma folha de louro.
3. Aquecer a outra frigideira. Quando estiver bem quente, dispor 2 camarões de cada lado (sem nenhum tipo de gordura) e dourar em fogo alto por 4 minutos. Depois de prontos todos os camarões, adicionar, na mesma frigideira bem quente, o vinagre balsâmico e deixar que evapore. Em seguida, acrescentar o vinho, parte do caldo de camarão e o restante do azeite. Deixar reduzir* até ficar com consistência de vinagrete.
4. Juntar ao feijão refogado o restante do caldo e corrigir o sal e a pimenta.
5. Dispor os camarões na travessa, acrescentar o feijão, regando com o seu caldo. Juntar os tomates e servir bem quente.

*Vinho*: A riqueza olfativa de um grande Ribolla Gialla Friulano, com a sua maciez glicérico-alcoólica para amortecer o molho e sua decisiva acidez para o *bacon* será o *partner* ideal para esses sublimes camarões.

## Camarões Vestidos com Bacon e Feijão-Rajado

### LOCANDA DELLA MIMOSA

PETRÓPOLIS

Para o caldo de camarão:

cabeças de 16 camarões

70g de cebola em pedaços pequenos (1 1/2 unidade média)

40g de aipo em pedaços pequenos (1 talo)

45g de alho-poró em pedaços pequenos (1 unidade)

20ml de conhaque (2 colheres de sopa)

2 cravos

4 grãos de pimenta-do-reino inteiros

20g de extrato de tomate

1 litro de água

Para os camarões:

50ml de azeite extravirgem (5 colheres de sopa)

30g de cebola roxa (1 unidade pequena)

100g de feijão-rajado ou similar (cozido em 3 litros de água por 2 1/2 horas)

4 folhas de manjericão fresco

16 camarões graúdos (vg)

360g de *bacon* cortado fino

12 folhas de louro fresco

50ml de vinagre balsâmico (5 colheres de sopa)

100ml de vinho branco seco (1/2 copo)

200ml de caldo de cabeças de camarão (1 copo)

sal e pimenta-do-reino a gosto

120g de tomate maduro, bem firme, sem pele, em cubinhos (1 1/2 unidade média)

Utensílios necessários:

assadeira, coador, 16 espetos, 2 frigideiras antiaderentes, travessa

1. Cozinhar o feijão na água e sal por 1 hora e 40 minutos junto com as folhas de louro. Depois de cozido, escorrer o feijão e reservar o caldo.
2. Passar os grãos do feijão na máquina de moer carne até obter uma massa. Reservar.
3. Em uma panela, refogar 1 cebola junto com 1 colher de sopa de azeite, 4 colheres de sopa de manteiga e o alho. Acrescentar o camarão pré-cozido e dar uma boa refogada. Em seguida, colocar aos poucos a massa de feijão. Juntar um pouco do caldo do feijão até formar uma massa pastosa e consistente que dê para rechear as lulas. Por último, acrescentar o coentro e misturar bem com a massa. Retirar do fogo e reservar.
4. Limpar as lulas separando as cabeças dos corpos com cuidado para não furar. Em seguida, recheá-las fechando com o barbante.
5. Na panela, acrescentar o restante do azeite e da manteiga para refogar o *bacon* junto com as cebolas e o alho que sobraram. Deixar dourar um pouco e, em seguida, adicionar as lulas. Refogar. Agregar o pimentão, o aipo, o alho-poró e o tomilho, sempre mexendo.
6. Por último, adicionar o vinho e o tomate. Temperar com sal e pimenta a gosto. Deixar cozinhar até que a lula fique macia. Servir com legumes ou arroz.

*Vinho:* As intensas notas frutadas e herbáceas de um Fumé Blanc californiano, sustentadas por uma boa estrutura, se acomodam perfeitamente ao prato.

## Oficina do Sabor
Olinda

*Lula Maravilha*

200g de feijão-preto
1 litro de água
sal e pimenta-do-reino a gosto
2 folhas de louro
150g de cebola picada (3 unidades médias)
20ml de azeite (2 colheres de sopa)
200g de manteiga (8 colheres de sopa)
30g de alho cortado em lâminas (6 dentes)
200g de camarão pequeno descascado e pré-cozido
20g de coentro picadinho (2 colheres de sopa)
4 lulas grandes ou 8 lulas médias

50g de *bacon* cortado em cubos pequenos
60g de pimentão vermelho (1 unidade média)
110g de aipo picado (1 maço pequeno)
210g de alho-poró em rodelas (2 talos)
3 ramos de tomilho
400ml de vinho tinto seco (2 copos)
300g de tomate pelado (3 unidades grandes)

Utensílios necessários:
escorredor, máquina de moer carne (elétrica ou manual), barbante, panela ligeiramente funda

1. Ferver a água, 50ml de vinho, o aipo e a cebola pequena cortada em rodelas. Adicionar o polvo e deixar cozinhar por cerca de 15 minutos. Depois de cozido, cortar o polvo em rodelas.

2. Temperar os frutos do mar e o peixe com o sal, a pimenta e o suco do limão.

3. Refogar a cebola picada e o alho no azeite até murchar bem.

4. Juntar os frutos do mar, o polvo e o peixe. Refogar.

5. Acrescentar o restante do vinho e deixar evaporar.

6. Juntar o molho de tomate, a pimenta dedo-de-moça, a salsa e o manjericão. Deixar encorpar* um pouco. Acrescentar o feijão escorrido.

7. Acertar o tempero e, se necessário, juntar um pouco do caldo do cozimento do feijão. Salpicar com salsa, regar com um fio de azeite e servir em prato fundo. Se desejar, servir acompanhado de pão italiano fatiado e aquecido.

*Vinho*: Prato suculento que agradece a força de um Graves branco.

## Cassoulet do Mar

### ORIUNDI
VITÓRIA

1 litro de água
250ml de vinho branco seco (1 1/4 de copo)
20g de aipo (1/2 talo)
30g de cebola (1 unidade pequena)
150g de polvo
150g de camarões médios (vm)
150g de anéis pequenos de lulas
150g de cauda de lagosta em pedaços médios
150g de filé de badejo em cubos médios
sal e pimenta-do-reino a gosto
suco de 1 limão (2 colheres de sobremesa)

50g de cebola picada (1 unidade média)
15g de alho picado (3 dentes)
100ml de azeite extravirgem (1/2 copo)
200ml de molho de tomate (1 copo)
1/2 pimenta dedo-de-moça sem semente, em tirinhas
salsa picada
manjericão em tirinhas
400g de feijão-branco pré-cozido com o caldo do cozimento

Utensílio necessário:
escorredor

1. Deixar o feijão de molho em bastante água por pelo menos 12 horas.
2. Colocar o feijão para ferver na panela com 3 litros de água nova, junto com a cebola e as folhas de louro. Assim que a água começar a ferver, abaixar o fogo o máximo possível, o suficiente apenas para manter a fervura. Acrescentar a metade do azeite e o pimentão vermelho. Tampar a panela e deixar cozinhar por cerca de 2 horas até que o feijão fique bem macio, mas tendo cuidado para não deixar desmanchar.
3. Lavar bem os mariscos. Colocar numa frigideira com um pouco de água e sal para cozinhar em fogo baixo até abrirem. Desprezar os que não abrirem. Reservar.
4. Em uma frigideira à parte, colocar o restante do azeite. Deixar esquentar e fritar o *jamón* serrano rapidamente (sem deixar endurecer) e o alho até ficar amarelinho. Acrescentar o pão dormido, virando para não tostar. Polvilhar com a páprica doce, colocar a pimenta e mexer bem com uma colher de pau, a fim de tingir o pão, o alho e o *jamón* serrano. Colocar tudo num pilão grande e esmagar até virar uma pasta bem uniforme. Se necessário, acrescentar um pouco da água dos mariscos.
5. Recolocar a mistura na frigideira dos mariscos para esquentar um pouco. Em seguida, despejar tudo na panela do feijão. Acertar o sal e deixar ferver em fogo baixo por 10 a 15 minutos. O conteúdo deve ficar bem espesso, sem que o feijão se desfaça.
6. Colocar tudo na sopeira e salpicar a salsa. Servir em seguida.

*Vinho*: Um grande Verdejo da Rueda faz as honras para essa saborosíssima preparação, com seu vigor, sua potência olfativa e seu meio-de-boca fresco e polposo.

## Feijão-Branco com Mariscos

### PARADOR VALENCIA

ITAIPAVA

1/2kg de feijão-branco (ideal se for *pocha* – feijão-branco grande)
3 litros de água
200g de cebola cortada em 8 pedaços (2 unidades grandes)
2 folhas de louro
150ml de azeite de boa qualidade
150g de pimentão vermelho assado, sem semente e sem pele, esmagado até virar uma pasta (1 1/2 unidade grande)
1/2kg de mariscos (ideal se forem *almeijoas* ou lambretas)
sal a gosto

50g de *jamón* serrano picado em peças pequenas (só a parte vermelha)
20g de alho fatiado grosseiramente (4 dentes)
10g de pão amanhecido, bem duro (pão francês, de preferência bisnaga)
5g de páprica doce (1 colher de sobremesa bem cheia)
1/2 pimenta dedo-de-moça seca, sem semente e sem talo
80g de salsa picada, sem o talo (8 colheres de sopa)

Utensílios necessários:
panela funda, 2 frigideiras, pilão grande, sopeira

### Preparo do caldo de peixe:

1. Cortar a cabeça do peixe em 4 pedaços. Reservar.
2. Picar grosseiramente a cebola, a cenoura, o alho-poró e o aipo. Refogá-los por 1 minuto no azeite em uma das panelas com capacidade para 20 litros.
3. Adicionar as cabeças de peixe picadas e refogar por 3 minutos em fogo alto. Juntar a água, o vinho e deixar reduzir à metade. Coar e reservar.

### Preparo da feijoada:

1. Cozinhar o feijão por 1 hora e 30 minutos no caldo de peixe coado.
2. Na outra panela com capacidade para 20 litros, colocar o azeite e a manteiga para esquentar. Acrescentar o alho e a cebola. Deixar murchar. Juntar o cravo e a canela. Refogar bem.
3. Adicionar o camarão e o frango. Por último, as ervas picadas. Juntar o feijão sem o caldo e refogar bem. Colocar o caldo do feijão e deixar ferver por 10 minutos.

### Preparo da farofa de lula:

1. Temperar a lula com o suco de limão e o sal. Reservar por 15 minutos.
2. Na panela com capacidade para 5 litros, derreter a manteiga e, em seguida, dourar o alho.
3. Juntar os anéis de lulas temperados e metade da salsa picada. Refogar por 2 minutos. Adicionar a farinha de mandioca. Acertar o sal e colocar o restante da salsa.

*Vinho:* Uma boa escolha é um potente e equilibrado Chardonnay do Valle de Casablanca, no Chile. Quente, firme e rico em nuanças olfativas.

# La Via Vecchia

### Brasília

**Para o caldo de peixe:**

2kg de cabeça de peixe

200g de cebola (2 unidades grandes)

200g de cenoura (2 unidades grandes)

40g de talo de alho-poró (1 unidade)

1/2 maço de aipo

20ml de azeite (2 colheres de sopa)

10 litros de água

200ml de vinho branco (1 copo)

**Para a feijoada:**

1 1/2kg de feijão-branco

300ml de azeite (30 colheres de sopa)

300g de manteiga (12 colheres de sopa)

100g de alho cortado em lâminas (20 cabeças)

300g de cebola picada (3 unidades grandes)

15g de cravo (10 unidades)

3 unidades de canela em pau

1/2kg de camarões graúdos (vg)

600g de frango defumado desossado*

1 maço de salsa

1 maço de sálvia

1 maço de alecrim

1 maço de manjericão

1 maço de tomilho

1 maço de hortelã

**Para a farofa de lula:**

1kg de anéis de lulas

80ml de suco de limão (8 colheres de sopa)

sal a gosto

300g de manteiga (12 colheres de sopa)

150g de alho picado (30 dentes)

1/2 maço de salsa picada

500g de farinha de mandioca (5 xícaras)

**Utensílios necessários:**

2 panelas com capacidade para 20 litros, coador, panela com capacidade para 5 litros

*Feijoada Mar e Terra com Farofa de Lula*

1. Descascar os camarões. Reservar a carne e separar as cascas e as cabeças. Colocá-las na caçarola dentro do pano bem fechado junto com a água salgada, junto com a cenoura, o alho-poró, a cebola, o aipo e os grãos de pimenta.

2. Juntar o feijão, tampar a caçarola e deixar cozinhar até que os grãos fiquem cozidos e firmes. Retirar do fogo, coar e reservar em um ambiente aquecido.

3. Separar os legumes e o pano com as cabeças e as cascas de camarão e descartá-los. Passar o caldo que restou na peneira.

4. Reduzir* o volume do caldo até 10%, deixando-o limpo e sem nenhuma impureza. Ao final, ajustar o sal e a pimenta. Misturar e homogeneizar o caldo reduzido com o azeite. Reservar.

5. Cortar os camarões em cubos de 1cm. Na frigideira bem quente e já com azeite, saltear* os camarões em pedaços durante 2 minutos junto com as flores da couve-flor e a abobrinha. Borrifar com vinagre e deixar evaporar. Separar todos os ingredientes e reservar em local aquecido.

6. Montagem: misturar o feijão ao camarão que foi salteado junto com a couve-flor e a abobrinha. Temperar com o azeite de camarões. Adicionar o tomate. Quando todos os ingredientes estiverem bem ligados e ainda mornos, montá-los dentro dos aros no centro do prato. Retirar os aros e regar todos os ingredientes com o restante do azeite de camarões. Decorar com 1 galho de tomilho fresco e servir.

*Vinho:* Um elegante Chardonnay de Central Otago, na Nova Zelândia, com sua sintonia fina entre frescor (contrastando com os legumes e o camarão) e alcoolicidade (para combater a untuosidade do azeite e a suculência dos tomates), agregará ainda mais sofisticação a esta receita.

## Cuscuz de Feijão-Preto e Camarões

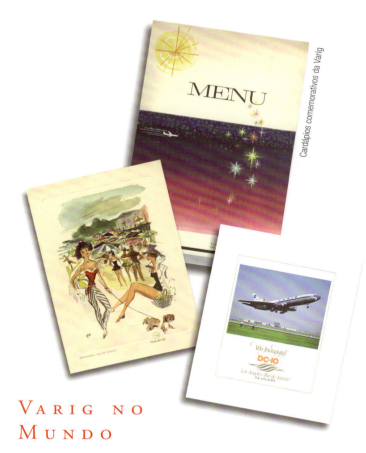

Cardápios comemorativos da Varig

### VARIG NO MUNDO

8 camarões graúdos (vg)

1 1/2 litro de água com 1 colher de sobremesa de sal

25g de cenoura (1/2 unidade média)

20g de talo de alho-poró (1/2 unidade)

25g de cebola (1/2 unidade média)

40g de aipo (1 talo)

4 grãos de pimenta-do-reino

200g de feijão-preto de molho em 2 litros de água de véspera

sal e pimenta-do-reino moída na hora, a gosto

50ml de azeite extravirgem (5 colheres de sopa)

1 couve-flor crua (1 unidade pequena)

100g de *brunoise* de abobrinha *brangida** (somente a casca bem verde)

10ml de vinagre de vinho branco (1 colher de sopa)

160g de tomate bem maduro e firme, sem pele e sem semente, em cubinhos (2 unidades médias)

galhos de tomilho fresco para decorar

Utensílios necessários:

pano de algodão, caçarola, coador, peneira fina, frigideira antiaderente, borrifador, 4 aros de 10cm de aço ou qualquer outro material descartável

## Vecchio Sogno

### Belo Horizonte

Preparo do *flan*:

1. No tacho ou pirex refratário, temperar o camarão com o sal, a pimenta, o conhaque e a cebola. Em seguida, bater o camarão junto com os ovos e a clara em um processador até virar uma pasta bem fina.
2. Recolocar a pasta no tacho ou pirex e deixar sobre cubos de gelo. Acrescentar o creme de leite aos poucos e acertar o tempero. Dispor a mistura em formas individuais e assar em banho-maria* a 120°C.

Preparo do molho de feijão:

1. Cozinhar o feijão junto com o caldo de peixe coado, 1/2 litro de água, um galho de alecrim e uma cebola pequena. Em seguida, passar o feijão no liqüidificador deixando-o bem pastoso.
2. À parte, preparar o bisque de camarão: torrar as cabeças de camarão no forno. Em seguida, ferver por 30 minutos junto com 1/2 litro de água restante, o talo de aipo e a metade da cebola grande. Coar e reservar.
3. Em uma panela à parte, refogar o alho e a cebola pequena restante em 4 colheres de sopa de azeite. Acrescentar o feijão e o bisque de camarão. Acertar o tempero.
4. Na hora de servir, finalizar com o restante do azeite e acrescentar o ora-pro-nóbis previamente refogado em azeite.

Montagem:

1. Colocar o *flan* no prato, com o molho de feijão ao redor. Regar com um fio de azeite. Decorar com 1 folha de ora-pro-nóbis.

*Vinho:* Um Borgonha branco de força média, elegante, e de equilibrada relação álcool-frescor: um Saint-Aubin da Côte de Beaune.

Para o *flan*:

150g de camarão sem casca e cabeça
sal e pimenta-do-reino a gosto
15ml de conhaque (1 1/2 colher de sopa)
30g de cebola (1 unidade pequena)
2 ovos
1 clara
220ml de creme de leite (1 lata)

Para o molho:

200g de feijão-roxinho
500ml de caldo de peixe (ver receita na p. 108)
1 litro de água
1 galho de alecrim
110g de cebola (3 unidades: 1 média e 2 pequenas)
200g de cabeça de camarão torrada
40g de aipo (1 talo)
25g de alho (5 dentes)
80ml de azeite extravirgem (8 colheres de sopa)
20 folhas de ora-pro-nóbis picado

Utensílios necessários:

tacho ou pirex refratário médio, processador de alimentos, liqüidificador, coador, 4 formas individuais

*Camarões com Molho de Feijão-Roxinho*

# Creme de Feijão-Jalo com Bacon e Cavaquinhas

1. Colocar o feijão na panela de pressão junto com a água e o louro. Cozinhar da forma tradicional até que os grãos fiquem bem macios. Deixar esfriar. Separar o caldo com o auxílio da peneira.
2. Bater os grãos com parte do caldo do cozimento no liqüidificador. Adicionar o caldo aos poucos, até obter um creme grosso.
3. Picar o *bacon* em pedacinhos e fritar até que sua gordura se derreta, deixando-os crocantes. Reservar.
4. Lavar e picar o coentro. Reservar.
5. Soltar as cavaquinhas das cascas. Em seguida, lavar e cortar em medalhões de 3cm de espessura. Reservar.
6. Preparar um refogado com 5 dentes de alho e metade do azeite. Deixar dourar e colocar o creme de feijão. Misturar bem e adicionar sal a gosto. Acrescentar metade do *bacon* crocante e 1 colher de sopa de coentro picado. Misturar.
7. À parte, preparar outro refogado com o restante do alho e o azeite e, quando estiver dourado, refogar as cavaquinhas.
8. Montagem: dispor o creme de feijão no fundo do prato. Cobrir com uma fina camada de farinha de mandioca torrada. Arrumar os medalhões por cima e decorar com o restante do *bacon* crocante e do coentro picado. Regar com azeite à vontade. Servir acompanhado de salada de verdes crocantes, arroz branco e farinha de mandioca torrada.

*Vinho*: Uma Cava espanhola, dotada de bom volume olfativo e de uma certa austeridade na boca, em contraposição à tendência doce do creme de feijão e dos crustáceos.

## LA SAGRADA FAMILIA
RIO DE JANEIRO

500g de feijão-jalo
3 litros de água
2 folhas de louro
100g de *bacon*
1 ramo de coentro
4,2kg de cavaquinhas (6 unidades de 700g)
50g de alho (10 dentes)

100ml de azeite extravirgem
(1/2 copo)
sal a gosto
200g de farinha de mandioca torrada
(2 xícaras)

Utensílios necessários:
panela de pressão, peneira, liqüidificador

**Preparo do recheio:**

1. Na panela, esquentar o azeite em fogo médio. Adicionar a cebola roxa, o tomate, o orégano e o sal até a cebola ficar transparente.
2. Aumentar o fogo e juntar o coentro e o molho de soja. Cozinhar. Retirar do fogo por 1 minuto. Agregar os mariscos cozidos e cozinhar por mais 2 minutos. Desligar o fogo e reservar.

**Preparo do *tacu tacu*:**

1. Na frigideira, colocar azeite em quantidade suficiente para cobrir o fundo.
2. Esquentar o azeite e adicionar o orégano, o arroz e o feijão cozidos. Misturar bem e cozinhar em fogo médio por 2 minutos.
3. Depois de misturar bem o feijão e o arroz, acrescentar as claras e a farinha, deixando no fogo por 4 minutos de cada lado até formar uma *tortilla*. Quando a parte de baixo começar a dourar, colocar o recheio no centro utilizando a colher grande. Dobrar suavemente as abas da *tortilla* por cima do recheio, cobrindo-o totalmente. Servir o *tacu tacu* sobre um prato quente.

*Vinho*: A solução está na versatilidade de um Riesling da Nova Zelândia, austero porém vibrante.

*Tacu Tacu de Mariscos e Feijão*

# WANCHAKO
MACEIÓ

**Para o recheio:**

30ml de azeite (3 colheres de sopa)

150g de cebola roxa picada fino (3 unidades médias)

200g de tomate pelado cortado em cubinhos (2 unidades grandes)

5g de orégano (1 colher de chá)

1 pitada de sal

5g de coentro picado (1 colher de chá)

20ml de molho de soja (2 colheres de sopa)

400g de mariscos cozidos mesclados (camarão, lula e polvo)

**Para o *tacu tacu*:**

30ml de azeite (3 colheres de sopa)

5g de orégano (1 colher de chá)

200g de arroz cozido

200g de feijão-branco cozido

2 claras de ovo

1 colher de sopa de farinha de trigo

**Utensílios necessários:**

panela grande, frigideira antiaderente, colher grande

Wanchako – Tacu Tacu *de Mariscos e Feijão*

# Aves & Carnes

1. Deixar o feijão e as carnes salgadas (porco, costeleta, orelha de porco, carne-seca e pé de porco) de molho por 24 horas. Trocar a água a cada 6 horas.

2. Colocar as carnes já dessalgadas* junto com o toucinho, o *bacon*, a língua, a lingüiça e o feijão em uma panela grande com água suficiente para cobri-los. Acrescentar a laranja-da-baía, o louro, a cebola picada e a pimenta. Cozinhar tudo em fogo brando, retirando gradualmente as carnes à medida que elas forem cozinhando para que não se desmanchem.

3. À parte, refogar todos os temperos (alho, cebola e sal) no óleo até ficarem dourados e misturá-los ao feijão quando este já estiver cozido. Para o caldo da feijoada ficar mais cremoso, esmagar porções de grãos com a colher de pau ou o socador.

4. Servir acompanhado de arroz branco, farofa, couve à mineira, laranja em rodelas e pimentas.

*Obs.:*

1. Se for necessário, acrescentar água na hora do cozimento (utilizar água fervente).

2. A laranja-da-baía dá um sabor especial, além de tornar a feijoada mais digestiva.

3. Recomenda-se sempre cozinhar a feijoada em fogo brando evitando assim que ferva depressa demais e também o risco de que todas as carnes se desmanchem.

*Vinho*: Os novos tintos produzidos na região do Dão a partir da Touriga Nacional, da Tinta Roriz e do Alfrocheiro Preto, potentes e saborosos, dotados de uma massa tânica e alcoólica invejável, persistentes, possuem um caráter tão indomável quanto o da nossa brasileiríssima feijoada.

*Feijoada Caesar Park*

# GALANI

RIO DE JANEIRO

1kg de feijão-preto

1/2kg de carne de porco salgada

1/2kg de costeleta salgada

1 peça de orelha de porco

1/2kg de carne-seca

1 peça de pé de porco

250g de toucinho salgado

250g de *bacon* defumado

1 peça de língua de boi defumada

3 peças de lingüiça de padre

1/2 laranja-da-baía

3 folhas de louro

80g de cebola picada (1 unidade média)

1 pitada de pimenta-do-reino

30g de alho (6 dentes)

100g de cebola (1 unidade grande)

sal a gosto

20ml de óleo (2 colheres de sopa)

Utensílio necessário:

colher de pau ou socador

1. Temperar os pedaços do capote** com sal, pimenta, tomate, cenoura, cebola, alho, pimentão, cebolinha, coentro, louro e colorau. Deixar marinar* por 2 horas.
2. Numa panela funda, juntar o azeite, o capote** marinado e a lingüiça e refogar por 10 minutos. Adicionar o vinho e deixar evaporar. Em seguida, juntar metade da água e o feijão e mexer bem. Ferver por cerca de 1 hora e 40 minutos, completando a água, até que o capote e o feijão estejam cozidos.
3. Retirar as folhas de louro e acrescentar, se necessário, a maisena para engrossar o caldo.
4. Dispor nos pratos, polvilhar com a salsa e servir com arroz branco.

*Vinho*: Que belo casamento com um Rioja Reserva da escola tradicionalista, com seus perfumes especiados e etéreos, seus taninos firmes e retrogosto longo.

# La Gondola

### Teresina

1kg de coxa e sobrecoxa de capote** cortadas em pedaços

sal e pimenta-do-reino moída na hora, a gosto

150g de tomate picado (1 1/2 unidade grande)

50g de cenoura ralada (1/2 unidade média)

50g de cebola picada (1 unidade média)

15g de alho moído (3 dentes)

50g de pimentão picado (1/2 unidade grande)

cebolinha verde e coentro a gosto

2 folhas de louro

10g de colorau (1 colher de sopa)

125ml de azeite extravirgem (12 1/2 colheres de sopa)

200g de lingüiça calabresa fatiada

200ml de vinho branco (1 copo)

1/2 litro de água

500g de feijão-branco (de molho desde a véspera)

30g de maisena (3 colheres de sopa)

20g de salsa picada (2 colheres de sopa)

*Feijoada de Capote*

** "Capote" é a denominação que a galinha-d'angola recebe no Piauí.

# ANTIQUARIUS

SÃO PAULO

600g de coelho
100g de cebola picada
(1 unidade grande)
10g de alho amassado
(2 dentes)
2 folhas de louro
5g de colorau (1 colher de chá)
pimenta-do-reino em grão
a gosto
50g de aipo picado
200g de cenoura picada
(2 unidades grandes)

100ml de vinho branco
(1/2 copo)
5 litros de água para cozinhar
o feijão
200g de feijão-branco
200g de feijão-manteiga
30ml de óleo (3 colheres
de sopa)

**Utensílio necessário:**
peneira

1. Cortar o coelho em pedaços. Temperar com a cebola, o alho, as folhas de louro, o colorau e a pimenta. Adicionar o aipo, a cenoura e o vinho. Deixar de molho para marinar* por 24 horas.
2. Quando a marinada estiver pronta, cozinhar à parte o feijão-branco (1 hora e 40 minutos) e o feijão-manteiga (2 horas) em 2 1/2 litros de água cada um.
3. Em seguida, fritar ligeiramente os pedaços do coelho no óleo e colocar novamente no molho utilizado para temperá-lo.
4. Cozinhar o coelho mergulhado nesse molho até que fique macio. Desligar o fogo e retirar o coelho do molho. Reservar.
5. Peneirar o molho e reservar o caldo. Em uma panela, juntar o coelho, o feijão-branco, o feijão-manteiga e o molho coado. Deixar ferver por cerca de 10 minutos. Retirar do fogo quando estiver quente. Servir em seguida.

*Vinho:* Este suculento e inspirador estufado de coelho clama por um Touriga Nacional duriense, de médio envelhecimento: taninos ainda firmes, mas olfato já denotando alguma evolução.

*Coelho com Misto de Feijões*

# Deck

## Ilhabela

250g de feijão-fradinho ou feijão-manteiga

2 litros de água

2 folhas de louro

15g de alho (3 dentes)

1/2kg de carne-seca

200g de pimentão vermelho (2 unidades grandes)

200g de cebola (2 unidades grandes)

1 maço pequeno de salsa

100ml de azeite (10 colheres de sopa)

200ml de caldo de carne (1 copo) – ver receita na p. 75

tempero completo industrializado, a gosto

1. Cozinhar o feijão em 2 litros de água por 50 minutos com as folhas de louro e o alho. Reservar.
2. Aferventar a carne-seca sem sal, desfiar e reservar.
3. Cortar o pimentão e a cebola à juliana.* Picar a salsa e desidratar.* Reservar.
4. Em uma frigideira, refogar o azeite, o pimentão, a cebola, a carne-seca, a salsa, o caldo de carne, o feijão e o tempero completo.
5. Servir quente, acompanhado de batata cozida ou arroz branco.

*Vinho*: Um jovem e rico Coteaux du Languedoc, com boa persistência retroolfativa e taninos doces.

## Feijão com Ervas e Carne-Seca

## Galinha-d'Angola com Sauté de Minifeijões do Tocantins

1. Desossar* a galinha-d'angola e cortar em cubos pequenos. Salteá-la* em metade do azeite.
2. Acrescentar o *bacon*, a cebola, o gengibre, o vinho branco e deixar reduzir.*
3. Juntar o creme de leite e deixar reduzir,* temperando com o sal e a pimenta. Retirar da panela e reservar.
4. Cozinhar o feijão em 1 litro de água por 1 hora e 20 minutos. Escorrer e depois saltear* no restante do azeite, temperando com sal e pimenta a gosto.
5. À parte, reduzir* o vinho do Porto e reservar.
6. Acrescentar 1 copo de água à panela em que foi cozida a galinha-d'angola e cozinhar a cenoura. Passá-la no processador com o próprio caldo do cozimento.
7. Peneirar o caldo de cenoura e reduzir.* Acrescentar a manteiga e mexer.
8. Montagem: formar uma base no centro do prato com o feijão. Montar o fricassê de galinha-d'angola por cima do feijão e finalizar com os molhos de cenoura e vinho do Porto.

*Vinho*: Uma rica preparação que se torna ainda mais sofisticada com a escolha de um Syrah da Nova Zelândia, intenso e amplo no nariz, quente na boca, mas perfeitamente equilibrado quanto ao frescor.

### CANTALOUP
São Paulo

400g de galinha-d'angola

25ml de azeite (2 1/2 colheres de sopa)

60g de *bacon*

40g de cebola roxa picada (1 unidade média)

15g de gengibre ralado (1 1/2 colher de sopa)

40ml de vinho branco seco (4 colheres de sopa)

150ml de creme de leite (15 colheres de sopa)

300g de minifeijões do Tocantins (ou de feijão-verde)

1 litro de água para cozinhar o feijão

sal e pimenta-do-reino a gosto

300ml de vinho do Porto (1 1/2 copo)

200ml de água (1 copo)

800g de cenoura descascada (8 unidades grandes)

50g de manteiga (2 colheres de sopa)

Utensílios necessários:

escorredor, processador de alimentos, peneira

124

## Feijão-Branco com Dobradinha

1. Deixar o feijão de molho na água por 4 horas. Colocar em fogo médio para ferver. Retirar do fogo quando levantar fervura.
2. Escorrer a água com espuma, colocar água fria cobrindo o feijão e recolocar a panela no fogo. Adicionar metade do alho e as folhas de sálvia. Deixar cozinhar até ficar *al dente*. Reservar.
3. Em panelas separadas, cozinhar os pés de porco e a dobradinha junto com a cebola, as folhas de louro e o restante do alho, em bastante água. Temperar com a pimenta.
4. Assim que tudo estiver cozido, na panela grande, preparar um refogado no azeite com a cenoura, a cebola, o aipo e o alho-poró.
5. Juntar a dobradinha, os pés de porco e o paio ao refogado. Refogar por alguns minutos. Adicionar o tomate e cozinhar por 15 minutos. Acrescentar o feijão. Acertar o sal e a pimenta. Regar com o caldo do feijão até obter a consistência desejada. Cozinhar até o feijão ficar macio. Em seguida, dividir o conteúdo nas tigelas, salpicar farinha de rosca e levar ao forno até dourar.

*Vinho:* Um Sangiovese robusto, sápido, com uma carga tânica considerável, forte teor alcoólico, olfativamente intenso e persistente: um Brunello di Montalcino.

### DONA DERNA
BELO HORIZONTE

350g de feijão-branco

3 litros de água

50g de alho sem casca (10 dentes)

3 folhas de sálvia

2 pés de porco partidos ao meio

650g de dobradinha limpa

30g de cebola (1 unidade pequena)

2 folhas de louro

sal e pimenta-do-reino moída na hora, a gosto

10ml de azeite (1 colher de sopa)

50g de cenoura picada (1 unidade média)

50g de cebola picada (1 unidade média)

40g de aipo picado (1 talo)

20g de alho-poró picado (1/2 talo)

1/2 paio sem pele fatiado

500g de tomate maduro (5 unidades grandes)

50g de farinha de rosca (1/2 xícara)

Utensílios necessários:

escorredor, panela grande, 4 tigelas refratárias médias

### Na véspera:

1. Deixar o feijão e o pé de porco de molho na água para dessalgar.* Cortar o pato. Separar as coxas e o peito (deixando o osso). Temperar com todos os ingredientes e deixar marinando.* Derreter a gordura do pato junto com a banha de porco, passar no *chinois* e levar à geladeira.

### No dia:

1. Colocar as coxas e o peito do pato em panelas separadas. Cobrir cada uma com a gordura do pato. Cozinhar em fogo baixo, por 2 horas e 30 minutos até que a carne fique bem macia, mas sem se desmanchar.
2. Cortar a cenoura, o aipo e a cebola em cubos de 0,5cm. Fazer o mesmo com o *bacon* e ferver por 5 minutos. Resfriar* e reservar.
3. Numa panela à parte, refogar os legumes com um pouco da gordura do pato e acrescentar o feijão, a lingüiça calabresa e o pé de porco. Adicionar 2 litros de água e cozinhar até o feijão ficar *al dente*.
4. Deixar descansar por mais 1 hora para que os grãos fiquem um pouco mais macios, mas consistentes.
5. Preparar os ovos mexidos da forma tradicional, acrescentando um toque de creme de leite. Reservar. Picar o alho, a salsa e a cebolinha e reservar.
6. Quando o pato estiver cozido, tirar da gordura, deixar esfriar um pouco, desossar,* remover a pele das coxas e desfiar a carne. Desossar* também o peito, deixando-o inteiro. Reservar em local aquecido.
7. Na frigideira grande, refogar o alho e o *bacon* junto com um pouco da gordura do pato. Coar o feijão e sua guarnição e colocar na frigideira. Refogar, mexendo bem devagar.
8. Acrescentar a carne da coxa desfiada, os ovos e, por fim, a farinha, a salsa e a cebolinha. Acertar o sal e a pimenta e reservar.
9. Em uma frigideira à parte, grelhar o peito de pato junto com a lingüiça fatiada em escamas.
10. Montagem: se o feijão-tropeiro estiver muito seco, acrescentar um pouco do caldo de feijão. Dispor o feijão no centro do prato e, por cima, arrumar o peito de pato grelhado, enfeitando com as fatias de lingüiça. Bater as sementes de cardamomo no liqüidificador, passar na peneira e pulverizar sobre o prato.

*Feijão-Tropeiro com Pato Confit*

# GUIMAS

### RIO DE JANEIRO

### Para o pato:

5kg de pato (2 unidades de 2 1/2kg cada um)

20g de talo de alecrim (2 colheres de sopa)

40g de sal grosso (1/2 xícara)

10g de pimenta-do-reino em grão

5g de coentro em grão (1 colher de chá)

2 folhas de louro

15g de tomilho fresco (1 colher de sopa bem cheia)

35g de alho descascado (7 dentes)

40g de aipo (1 talo)

1kg de banha de porco

### Para o feijão:

50g de cenoura (1 unidade média)

40g de aipo (1 talo)

100g de cebola (1 unidade grande)

40g de *bacon*

320g de feijão-mulatinho

150g de lingüiça calabresa

150g de pé de porco desossado*

2 litros de água

2 ovos inteiros

10ml de creme de leite (1 colher de sopa)

10g de alho (2 dentes)

20g de salsa picada (2 colheres de sopa)

30g de cebolinha (3 colheres de sopa)

50g de farinha de mandioca (1/2 xícara)

sal e pimenta-do-reino a gosto

20g de talo de salsa

1 folha de louro

sementes de cardamomo para pulverizar

### Utensílios necessários:

*chinois**, frigideira grande, coador, liqüidificador, peneira

*Vinho:* Um prato rico em especiarias e ervas aromáticas e generoso nos lipídios clama por um tinto potente e amplo, rústico e persistente, como um Aglianico da Campania, rico em uma sapidez mineral que honra as suas origens vulcânicas.

1. Colocar o feijão em uma panela, cobrir com água fria e levar ao fogo. Quando a água ferver, retirar e escorrer.
2. Colocar, na mesma panela do feijão, a pele de porco, o pé de porco, o *bouquet garni*,* as ervas, metade do alho, a cebola com o cravo e a cenoura. Cobrir com água e deixar 1 hora em fogo baixo. Salgar ligeiramente no final. Retirar os temperos (o *bouquet garni*, as ervas, a cebola e a cenoura). Picar o pé de porco em pedacinhos, descartando o osso, e acrescentar ao feijão. Reservar.
3. Na caçarola, refogar as *échalotes*, o restante do alho e a barriga de porco na gordura de pato. Acrescentar o vinho e deixar evaporar. Adicionar a cenoura picada fino e o tomate. Cobrir com os caldos. Colocar o feijão e deixar cozinhar devagar até terminar o cozimento. Temperar com sal e pimenta a gosto.
4. Picar a salsa bem fino e, na hora de servir, salpicar sobre o prato.

*Vinho:* Esse fricassê faz um perfeito contraponto a um grande Premier Cru de Gevrey Chambertin, como por exemplo, um Clos St. Jacques, rigoroso e telúrico.

## Fricassê de Feijão

### TASTE VIN
#### BELO HORIZONTE

500g de feijão-branco fresco
50g de pele de porco cortada em pedacinhos
1/2 pé de porco cortado ao meio
1 *bouquet garni** (com louro, tomilho e salsa)
2 galhos de alecrim e manjericão amarrados
15g de alho fatiado (3 dentes)
100g de cebola espetada com cravos (1 unidade grande)
150g de cenoura picada grosseiramente (1 1/2 unidade grande)
10g de *échalote* picada fino (2 unidades)
50g de barriga de porco levemente defumada, cortada em pedacinhos
20g de gordura de pato (2 colheres de sopa)
175ml de vinho branco seco (1 1/2 copo bem cheio)
200g de cenoura picada fino (2 1/2 unidades grandes)
200g de tomate maduro, sem pele e sem semente, picado fino (2 unidades grandes)
175ml de caldo de frango preparado em casa (1 1/2 copo bem cheio) – ver receita na p. 49
175ml de caldo de carne ou vitela preparado em casa (1 1/2 copo bem cheio) – ver receita na p. 75
sal e pimenta-do-reino a gosto
20g de salsa (1/4 do maço)

Utensílios necessários:
escorredor, caçarola grande

129

1. Refogar a cebola, com a metade do óleo, até ficar dourada. Juntar o alho e as favas e refogar por mais 5 minutos. Acrescentar 1 litro de água e deixar cozinhar. Quando estiverem cozidas, escorrer e reservar.
2. À parte, refogar a carne com o restante do óleo. Adicionar o arroz e misturá-lo com as favas cozidas. Acrescentar 1 litro de água para o cozimento do arroz. Temperar com o sal e a pimenta-síria e deixar até o final do cozimento.
3. Servir quente, acompanhado de coalhada fresca.

*Vinho:* Um tinto jovem, de sotaque mouro, macio e intenso olfativamente, tal como um Jumilla espanhol, centrado na casta Monastrell.

*Arroz com Favas Frescas e Carne*

# Arábia

## São Paulo

150g de cebola picada (3 unidades médias)

200ml de óleo (20 colheres de sopa)

10g de alho socado com um pouco de sal (2 dentes)

300g de favas frescas

2 litros de água

500g de carne bovina moída ou picada (preferencialmente patinho)

350g de arroz lavado e escorrido (3 1/2 xícaras)

sal a gosto

5g de pimenta-síria (1 colher de chá)

Utensílio necessário:

escorredor

Obs.: Favas frescas são encontradas congeladas em supermercados. Descongelar antes de usar.

1. Refogar o charque na manteiga e reservar.
2. Misturar o feijão cozido, o coentro e o alho até ficar com consistência para fazer os hambúrgueres. Moldá-los, separando um pouco de charque para a montagem.
3. Fritar os hambúrgueres no óleo quente até dourar.
4. Colocar os ingredientes do molho de caju em uma panela e ferver até obter a consistência de mel.
5. Montagem: depois de fritar o hambúrguer, colocar num prato e, por cima, dispor o charque, regando com o molho de caju. Se desejar, adicionar uma colher de creme de leite para guarnecer.

*Vinho*: Para esse prato criativo, de sabores bem brasileiros, a sugestão é um Carmenère chileno de média força, boa maciez e taninos redondos.

## Hambúrguer de Feijão

### BEIJUPIRÁ
PORTO DE GALINHAS

100g de charque desfiado

50g de manteiga (2 colheres de sopa)

800g de feijão-verde cozido e triturado

20g de coentro picado (2 colheres de sopa)

10g de alho frito (1 colher de sopa)

óleo para fritar os hambúrgeres

creme de leite para guarnecer

Para o molho de caju:

5ml de suco de caju (1 colher de chá)

5ml de água (1 colher de chá)

5ml de Karo (1 colher de chá)

5g de maisena (1 colher de chá)

5g de açúcar (1 colher de chá)

Utensílio necessário:

processador de alimentos

1. Levar o feijão ao fogo na caçarola com 300ml de água. Cozinhar até ficar macio, mas com consistência firme. Escorrer, passar em água fria e reservar.
2. Em outra caçarola, juntar a carne-de-sol, o restante da água e a cebola inteira. Cobrir e levar ao fogo. Deixar cozinhar até começar a desfiar, repondo a água se for preciso. Retirar da panela e deixar esfriar. Em seguida, desfiar com a mão, removendo as peles. Reservar.
3. Cortar a metade da cebolinha em rodelas pequenas. Misturar com o feijão, a salsa, a carne desfiada, o tomate, a cebola em cubos e o alho picado. Regar com o azeite extravirgem e o suco do limão. Temperar com o sal, a pimenta e as sementes de coentro. Reservar.
4. Lavar as folhas de couve e escorrê-las. Com a vasilha de borda cortante, fazer círculos nas folhas aproveitando os espaços com menos nervuras. Colocar os discos de couve em água fervente por 30 segundos. Para obter um melhor tom de verde, adicionar uma pitada de bicarbonato à água. Retirar e colocar sobre uma tábua para esfriar.
5. Em um recipiente, fazer um molho, misturando o azeite, a mostarda e o vinagre. Reservar.
6. Fazer tiras com a cebolinha restante, cortando-a no sentido longitudinal.
7. Montagem: colocar a mistura de feijão no centro de cada disco de couve. Fechar como uma trouxa e amarrar com a cebolinha. Levar à geladeira por 10 minutos. Arrumar 3 trouxinhas em 1 prato, formando um triângulo. Regar cada uma delas com 1 colher de chá do molho, molhando também o fundo do prato com algumas gotas. Servir em seguida.

*Vinho*: Um Malbec argentino de vinhedos altos, medianamente estruturado, volumoso no olfato e longo no retrogosto.

## Trouxinha de Feijão-Carioquinha

### DIVINA GULA
MACEIÓ

100g de feijão-carioquinha
600ml de água (3 copos)
100g de carne-de-sol (preferencialmente lagarto)
30g de cebola inteira (1 unidade pequena)
16 folhas de cebolinha
10g de salsa picadinha sem talo (1 colher de sopa)
50g de tomate em cubos sem semente (1/2 unidade grande)
50g de cebola cortada em cubos (1 unidade média)
5g de alho (1 dente)
50ml de azeite extravirgem (5 colheres de sopa)
30ml de suco de limão (3 colheres de sopa)
sal e pimenta-do-reino moída na hora, a gosto
6 sementes de coentro
12 folhas de couve
1 pitada de bicarbonato
100ml de azeite (10 colheres de sopa)
30g de mostarda (3 colheres de sopa)
50ml de vinagre (5 colheres de sopa)

Utensílios necessários:

caçarola, escorredor, vasilha de borda cortante de 15cm de diâmetro, tábua, recipiente com tampa

1. Colocar o feijão de molho em uma bacia com água por uma noite.
2. No dia seguinte, lavar bem o feijão em água corrente. Escorrer bastante.
3. Em uma panela com 900ml de água fervente, colocar o feijão para cozinhar por 1 hora e 40 minutos. Reservar.
4. Em outra panela, derreter a manteiga e o azeite. Adicionar o peru, os salsichões, o *bacon* e fritar em fogo baixo por 3 minutos, mexendo sempre para que as carnes fiquem coradas.
5. Juntar a cebola e deixar murchar. Adicionar o arroz e deixar dourar por 2 minutos.
6. Aquecer o caldo de frango. Molhar o arroz com 1 concha de caldo de frango e outra de feijão. Deixar cozinhar em fogo baixo até engrossar, mexendo sempre.
7. Despejar o restante do caldo de frango e do feijão. Temperar com sal e pimenta. Adicionar também a salsa *mirtilli*. Repetir esse procedimento quantas vezes for necessário até completar o cozimento.
8. Polvilhar o risoto com a sálvia, o tempero verde e o alecrim. Servir em seguida.

*Vinho*: Um Pinotage sul-africano, de aroma intensamente frutado, quente e macio na boca.

*Mix de Carne com Risoto de Feijão-Vermelho*

## Il Tramezzino di Paolo

Novo Hamburgo

180g de feijão-vermelho
900ml de água fervente (4 1/2 copos)
50g de manteiga (2 colheres de sopa)
20ml de azeite (2 colheres de sopa)
225g de carne magra de peru cortada em tirinhas
4 salsichões de porco cortados em pedaços
40g de *bacon*
100g de cebola picada fino (1 unidade grande)

400g de arroz *arborio* (4 xícaras)
1 litro de caldo de frango (ver receita na p. 49)
sal e pimenta-do-reino moída na hora, a gosto
100g de salsa *mirtilli* (10 colheres de sopa)
sálvia, tempero verde e alecrim levemente picados, a gosto

Utensílio necessário:
escorredor

1. Numa panela, derreter uma colher de manteiga. Refogar 1/2 cebola grande até começar a dourar. Juntar o arroz e dar uma fritada. Acrescentar o vinho e esperar evaporar. Mexer e adicionar aos poucos 1 xícara de caldo de frango. Continuar mexendo. Repetir essa operação várias vezes até que o arroz esteja cozido e *al dente*.
2. Juntar ao arroz *al dente*, o parmesão ralado, o coentro, o jerimum** já cozido e, em seguida, adicionar o feijão também cozido. Retirar do fogo e acrescentar outra colher de manteiga. Acertar o sal.
3. À parte, colocar a colher de manteiga restante e a cebola pequena picada. Deixar dourar. Adicionar a carne-seca desfiada e fritar até estar ao ponto.
4. Servir o risoto com a carne-seca e o restante da cebola grande fatiada.

*Vinho*: O calor alcoólico de um Cabernet Sauvignon do Maipo e seus aromas potentes de fruta e madeira, respectivamente, limpam o palato da untuosidade do risoto e absorvem o impacto olfativo da carne-seca.

## Carne-Seca Desfiada com Risoto de Feijão-Verde e Jerimum

### SAGARANA
JOÃO PESSOA

75g de manteiga (3 colheres de sopa)
130g de cebola picada (2 unidades: 1 grande e 1 pequena)
300g de arroz *arborio* (3 xícaras)
150ml de vinho branco seco (1 copo raso)
1 litro de caldo de frango (ver receita na p. 49)
30g de parmesão ralado na hora (3 colheres de sopa)
30g de coentro picado (3 colheres de sopa)
100g de jerimum** cozido e amassado grosseiramente
100g de feijão-verde cozido
sal a gosto
400g de carne-seca desfiada

** Designação dada à abóbora no Nordeste.

# Sobremesas

1. Preparo do creme de feijão: deixar o feijão de molho por 4 horas em 1/2 litro de água. Cozinhar na panela de pressão por 45 minutos ou, em uma panela normal, por 3 horas e 30 minutos. Escorrer o feijão e reservar o líquido. Completar com água até chegar a 1 litro. Separar 600ml e colocar na panela junto com o feijão. Acrescentar 400g de açúcar. Cozinhar em fogo médio até a calda engrossar. Acrescentar os 400ml do líquido restante e 200g de açúcar e deixar reduzir* novamente. Tirar do fogo e deixar descansar por 30 minutos. Coar. Reservar a calda e metade do feijão. Bater a outra metade do feijão no liqüidificador com um pouco da calda até ficar em ponto de creme. Levar o restante da calda ao fogo e misturar o feijão batido com o que foi reservado. Deixar por mais 15 minutos em fogo baixo.
2. Preparo dos bolinhos: numa vasilha à parte, misturar a farinha, o fermento, 100g de açúcar, a manteiga e a gema. Mexer com um batedor, acrescentando 150ml de água aos poucos até formar uma mistura homogênea, em ponto de creme. Untar as formas com manteiga e encher com a massa para cozinhar por 25 minutos em banho-maria.*
3. Preparo do creme de chá verde: diluir o *matchá* no licor. Misturar até ficar homogêneo. Hidratar* a gelatina em água fria. Em seguida, espremer e dissolver no leite aquecido. Acrescentar o açúcar de confeiteiro e o *matchá* com licor. Colocar no sifão de ar comprimido (utilizado para creme de *chantilly*) e deixar na geladeira por, no mínimo, 1 hora.
4. Montagem: encher 1 taça de sobremesa até a metade com o creme de feijão. Acrescentar seis bolinhos. Agitar bem o sifão e, em seguida, cobrir com o creme de chá verde.

*Vinho*: Um fabuloso, dulcíssimo e exótico vinho para esta sobremesa desafiadora: um Gewürztraminer Sélection de Grains Nobles, da Alsácia.

*Nakazuki*

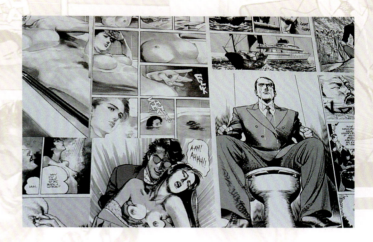

# Nakombi

São Paulo

200g de feijão-*azuki*

1 litro de água

750g de açúcar (5 xícaras)

200g de farinha de trigo (2 xícaras)

10g de fermento em pó (2 colheres de chá bem cheias)

50g de manteiga (2 colheres de sopa)

1 gema de ovo

5ml de licor de chá verde (1 colher de chá)

1g de *matchá* (chá verde em pó)

1/5 de folha de gelatina incolor

20ml de leite (2 colheres de sopa)

15g de açúcar de confeiteiro (1 1/2 colher de sopa)

Utensílios necessários:

panela de pressão, escorredor, coador, liqüidificador, batedor, 24 formas pequenas e redondas, sifão de ar comprimido

141

1. Cozinhar o feijão em 1 litro de água junto com o cravo, a canela e a baunilha, até ficar bem macio. Escorrer e passar na peneira. Reservar em banho-maria.*
2. Cozinhar a batata-doce no leite. Escorrer e passar na peneira. Reservar também em banho-maria.*
3. Em outra panela, colocar 100ml de água e o açúcar. Ferver até formar um caramelo de consistência espessa e escura.
4. Juntar o purê de feijão com a batata-doce e o caramelo. Misturar bem. Ao final, o purê apresentará uma consistência semelhante à de um purê de castanhas. Servir morno e, se desejar, sobre 1 fatia de pão do tipo rabanada ou com sorvete de creme.

*Vinho*: Um Monbazillac dará maior amplitude de paladares e aromas ao creme, tornando-o ainda mais envolvente através de sua aprazível acidez.

## Purê Doce de Feijão-Branco

# ROANNE

São Paulo

300g de feijão-branco

1 litro de água

1 cravo

1 lasca de canela

1/2 fava de baunilha

200g de batata-doce descascada

500ml de leite (2 1/2 copos)

100ml de água (1/2 copo)

200g de açúcar refinado (2 xícaras)

Utensílios necessários:

escorredor, peneira fina

# Crepe de Feijão com Calda de Laranja

## RUELLA
### São Paulo

**Preparo do recheio:**
1. Cozinhar o feijão junto com o açúcar em pouca água por 1 hora e 20 minutos.
2. Jogar a água fora e amassar o feijão até virar uma pasta. Misturar o mel à pasta e reservar.

**Preparo da calda:**
1. Colocar o açúcar para caramelar* até ficar dourado. Acrescentar o suco de laranja e deixar ferver por 20 minutos, sempre mexendo até virar uma calda rala. Retirar do fogo.
2. Acrescentar o licor com as raspas de casca de laranja. Reservar.

**Preparo do crepe:**
1. Bater todos os ingredientes (menos o óleo) no liqüidificador.
2. Com a concha, colocar a massa numa frigideira untada com óleo quente e fritar os crepes. Virar com cuidado e fritar do outro lado.

**Montagem:**
1. Rechear os crepes com 1 colher de chá de pasta de feijão. Fechar cada um deles no formato de triângulo.
2. Cobrir com a calda de laranja. Servir acompanhado de 1 bola de sorvete de creme.

*Vinho*: A calda de laranja dá as cartas nesta sobremesa e evoca um Fior d'Arancio do Colli Euganei, elaborado com a casta Moscato de Alessandria, possibilitando um casamento olfativo mais do que perfeito.

**Para o recheio:**
200g de feijão-mulatinho
20g de açúcar (2 colheres de sopa)
20ml de mel (2 colheres de sopa)

**Para a calda:**
300g de açúcar (2 xícaras)
250ml de suco de laranja coado (1 copo bem cheio)
60ml de licor Grand Marnier (6 colheres de sopa)
20g de raspa de casca de laranja (1 colher de chá)

**Para o crepe:**
1 ovo
90ml de leite (9 colheres de sopa)
100g de farinha de trigo (1 xícara)
5g de açúcar (1 colher de chá)
5ml de óleo (1 colher de chá)

**Utensílios necessários:**
concha, liqüidificador

1. Cozinhar o feijão em 1/2 litro de água na panela de pressão sem acrescentar nenhum tempero até que os grãos fiquem bem cozidos. Deixar esfriar.
2. Separar os grãos do feijão do caldo com o auxílio da peneira.
3. Bater os grãos do feijão no liqüidificador com 100ml do caldo do cozimento. Adicionar o caldo aos poucos, a fim de obter um creme grosso.
4. Transferir o creme para uma vasilha e acrescentar o leite, os ovos, a gema e o açúcar. Misturar bastante com o batedor de inox. Reservar.
5. Descascar a maçã, retirar o miolo e cortar em 8 pedaços iguais. Em seguida, fatiá-los em triângulos.
6. Caramelar* as forminhas com os 150g de açúcar.
7. Dispor a maçã picada e as passas no fundo das forminhas. Acrescentar o creme de feijão e colocar para assar em banho-maria* por 45 minutos. Desenformar e servir quente.

*Vinho*: Além da doçura do pudim que deve concordar com o nível de doçura do vinho, temos uma situação em que o álcool não se faz tão necessário quanto uma boa dose de acidez e/ou efervescência, tais como as de um Moscato d'Asti.

## Pudim de Feijão com Maçã e Passas

# La Sagrada Familia

Niterói

100g de feijão-branco
1/2 litro de água
125ml de leite (1 xícara bem cheia)
2 ovos inteiros
1 gema
40g de açúcar (4 colheres de sopa)
155g de maçã vermelha
(1 unidade grande)
150g de açúcar para caramelar* as forminhas (1 xícara bem cheia)
50g de passas escuras

Utensílios necessários:

panela de pressão, peneira, liqüidificador, batedor de inox, 8 forminhas de alumínio de 80ml

1. Em uma panela, colocar o feijão-*azuki* e cobrir com água dois dedos acima do nível dos grãos. Acrescentar água sempre que necessário para evitar que seque. Deixar cozinhar bastante até o feijão se desmanchar.

2. Adicionar 1 colher de sopa de açúcar e cozinhar por mais 10 minutos até a massa ficar homogênea. Reservar.

3. Torrar o amendoim no forno. Retirar, esperar esfriar e bater no liqüidificador junto com 1 xícara de açúcar para formar a paçoca. Reservar.

4. Cortar as extremidades de cada banana ainda com a casca. Fazer um corte longitudinal (em forma de V), retirando um sulco da fruta. Rechear com doce de feijão até cobrir todo o corte.

5. Retirar as cascas das bananas e enrolá-las na massa de *harumaki*, dobrando as extremidades da massa para dentro. Terminar de enrolar, fazendo com que a massa cubra toda a banana.

6. Em uma frigideira, despejar uma quantidade de óleo suficiente para cobrir a banana. Fritar no óleo bem quente até que a massa fique com cor de caramelo. Retirar o rolinho do óleo, secar no papel absorvente e cortar cada um deles em 6 rodelas.

7. Montagem: colocar as rodelas ao redor do prato de sobremesa. Salpicar 2 colheres de sobremesa de paçoca e, no meio das rodelas de banana, dispor 1 bola de sorvete de creme.

*Vinho*: A decisiva presença dos amendoins torrados impõe um vinho de *crianza*, semi-seco e sápido, além da banana frita que sugere uma fortificação alcoólica. Aposte em um Jerez Amontillado.

## Rolinho de Feijão com Banana

### SUSHI GARDEN
Rio de Janeiro

50g de feijão-*azuki*

160g de açúcar refinado (1 xícara e 1 colher de sopa)

160g de amendoim sem casca

4 bananas-d'água maduras (4 unidades grandes)

4 unidades de *harumaki* (comprada pronta)

1 litro de óleo de soja

4 bolas de sorvete de creme

Utensílios necessários:

liqüidificador, papel absorvente

## Preparo da massa:

1. Na tigela, colocar a farinha. Adicionar a manteiga derretida, 1 pitada de sal e a água.
2. Trabalhar a massa com as mãos até formar uma bola.
3. Tampar a massa com o pano seco e colocar sobre este o pano molhado, bem espremido.
4. Deixar a massa descansar um pouco.

## Preparo do recheio:

1. Pelar as amêndoas e, em seguida, ralá-las.
2. Passar o feijão na peneira até virar um purê.
3. Juntar as amêndoas raladas ao purê e adicionar os ovos inteiros e as gemas peneiradas.
4. Levar o açúcar ao fogo (115°C) com um pouco de água e deixar ferver até atingir o ponto de fio.*
5. Adicionar o xarope a essa mistura de feijão, amêndoas e ovos. Misturar bem. Deixar esfriar.

## Preparo:

1. Abrir a massa com o rolo até ficar bem fininha.
2. Forrar as forminhas e inserir o recheio. Polvilhar um pouco de farinha e, em seguida, açúcar.
3. Levar ao forno quente (225°C) por 25 minutos.
4. Servir quente ou frio.

*Vinho:* O frescor conferido pela casta Furmint a um Tokaj húngaro é o cerne desta harmonização, bem-sucedida também no grau de doçura (um Tokaj de três ou, no máximo, quatro *puttonyos*) e no perfil aromático do vinho.

# Da Silva
### Rio de Janeiro

**Para a massa:**
250g de farinha de trigo (2 xícaras)
50g de manteiga ou margarina
(2 colheres de sopa)
1 pitada de sal
1 1/2 litro de água

**Para o recheio:**
25g de amêndoas
100g de feijão-branco cozido
6 ovos

6 gemas
500g de açúcar (3 xícaras bem cheias)
100ml de água (1/2 copo)
farinha de trigo e açúcar em pó para polvilhar a massa

**Utensílios necessários:**
tigela, 1 pano seco, 1 pano molhado, ralador, peneira, rolo de abrir massa, forminhas de pastéis (queques)

*Pastéis de Feijão*

## MISTURA FINA
### RIO DE JANEIRO

**Para a massa:**

175g de manteiga sem sal, sem estar gelada (7 colheres de sopa)

125g de açúcar de confeiteiro (1 xícara rasa)

125g de farinha de castanha de caju (1 xícara rasa)

1 ovo

250g de farinha de trigo (2 1/2 xícaras)

**Para o recheio:**

300g de feijão-branco

1/2kg de açúcar (5 xícaras)

250ml de água (1 copo bem cheio)

150g de castanha de caju bem picada

10 gemas batidas

manteiga para untar as formas de tortinha

açúcar com alecrim para polvilhar

alecrim fresco para decorar

**Utensílios necessários:**

colher de pau, filme plástico, rolo de abrir massa, 24 formas de tortinhas, escorredor, processador de alimentos, balança, batedor

### Preparo da massa:

1. Na véspera, misturar numa vasilha, com a colher de pau e sem bater, a manteiga, o açúcar, a farinha de castanha de caju e o ovo.
2. Juntar a farinha de trigo até obter uma massa homogênea e mole. Embrulhar o conteúdo no filme plástico e levar à geladeira. No dia seguinte, utilizar o rolo para abrir a massa entre 2 folhas de filme plástico polvilhadas com farinha de trigo.
3. Untar as formas com manteiga. Depois, forrá-las com a massa e deixar na geladeira enquanto o recheio é preparado.

### Preparo do recheio:

1. Numa panela, cobrir o feijão com água fria e levar ao fogo. Quando estiver cozido, escorrer bem. Em seguida, passar o feijão no processador, adicionando, se necessário, um pouco da água do cozimento para obter um purê. Pesar 500g do purê e reservar.
2. Preparar uma calda em ponto de fio* com o açúcar e a água. Juntar à calda a castanha picada e os 500g do purê de feijão-branco, mexendo com a colher de pau em fogo brando até o recheio encorpar* e se soltar do fundo da panela. Retirar do fogo e deixar amornar.
3. Juntar as gemas batidas e levar ao fogo brando novamente. Mexer por 2 ou 3 minutos. Deixar esfriar para, em seguida, rechear as tortinhas.
4. Assar as tortinhas em forno médio (180°C) por 25 minutos ou até que fiquem levemente douradas. Deixar esfriar, tirar das formas e polvilhar com açúcar perfumado com alecrim.

*Vinho*: Vinhos doces de colheita tardia, de diversas origens, desde que não botritizados nem provenientes de castas aromáticas.

*Tortinhas de Feijão*

149

MISTURA FINA –
*Tortinhas de Feijão*

# Tempos de Cozimento do Feijão

As medidas utilizadas para os tempos de cozimento relacionados na tabela ao lado são as seguintes: 250g de feijão e 2 a 3 litros de água, dependendo da consistência do grão. Os de cor mais escura, geralmente mais duros, e os brancos, por serem carnudos, devem ser cozidos com mais água.

A panela recomendada é a comum com tampa por facilitar a verificação da consistência do grão e a quantidade de caldo ao longo do preparo.

Os tempos estipulados, por vezes, diferem dos que estão indicados nas receitas deste livro, que levam em conta as características de cada prato. Seguindo a tabela ao lado, o feijão, quando pronto, ficará com consistência normal, nem *al dente* nem macio demais ao ponto de se desmanchar.

É recomendável deixar de molho os grãos escuros e os brancos, trocando a água antes de iniciar o preparo. Isso fará com que fiquem mais macios, abreviando o tempo de cozimento.

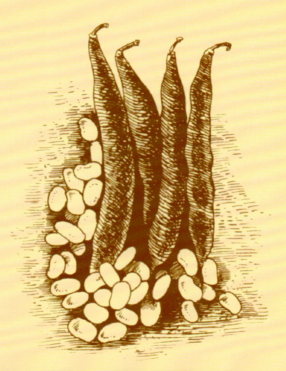

| Feijão | Tempo de cozimento |
|---|---|
*(para 250g, em 2 a 3 litros de água, em panela comum com tampa)*

| Feijão | Tempo de cozimento |
|---|---|
| *Azuki* | 2h30 |
| Branco | 1h40 |
| Canário | 1h40 |
| *Cannellini* | 1h40 |
| Carioquinha | 1h40 |
| Corda | 30 minutos |
| Fava fresca | 30 minutos |
| Fava seca | 2h30 |
| Fradão | 1h40 |
| Fradinho | 50 minutos |
| Jalo | 1h40 |
| Manteiga | 2h |
| Manteiguinha de Santarém | 1h |
| Minifeijões do Tocantins | 1h40 |
| Mulatinho | 1h30 |
| Preto | 2h |
| Rajado | 1h40 |
| Roxinho | 1h40 |
| Verde | 1h20 |
| Vermelho | 2h20 |

## Dicas

O tempo de cozimento do feijão e a quantidade de água utilizada variam de acordo com o tipo de grão, com a panela usada e com a intensidade da chama. Em geral, a própria embalagem do produto traz a indicação quanto à consistência do grão: se mais duro ou macio. Na panela de pressão, o cozimento é mais rápido do que em uma panela comum com tampa; esta, no entanto, facilita o controle do preparo.

Ao comprar o feijão, dê preferência ao que tiver menor quantidade de grãos quebrados, para que o aspecto depois do cozimento seja melhor. Observe bem a embalagem: deve ser transparente e não apresentar furinhos, pois estes indicam a presença de carunchos.

Acondicione o feijão cru em recipiente bem fechado e guarde-o em local seco e arejado.

O primeiro passo no preparo do feijão é a retirada de pedrinhas, impurezas e grãos partidos ou que tenham a casca enrugada ou com sinais de caruncho. Em seguida, deve ser bem lavado.

Antes de ser cozido, o ideal é que o feijão fique de molho em água fria por, no mínimo, 4 horas. Se você desejar abreviar o tempo de cozimento e obter um caldo mais grosso, deixe-o de molho desde a véspera.

O feijão cozido deve ser levado à geladeira em recipientes bem fechados.

Se pretender congelar o feijão, não o tempere todo de uma vez. Deixe para fazer isso antes de servi-lo e assim terá o sabor do feijão recém-cozido.

## Tabela de Equivalência

| | |
|---|---|
| 1 colher de café | 2ml / 2g |
| 1 colher de chá | 5ml / 5g |
| 1 colher de sobremesa | 7ml / 7g |
| 1 colher de sopa | 10ml / 10g |
| 1 copo | 200ml |
| 1 xícara | 100g |
| 1 xícara de açúcar | 150g |
| 1 xícara de farinha de trigo | 100g |
| 1 colher de sopa de manteiga | 25g |
| 1 dente de alho | 5g |
| 1 talo de aipo | 40g |
| 1 talo de alho-poró | 40g |
| 1 maço de salsa | 80g |
| 1 pimentão médio | aproximadamente 40g |
| 1 tomate médio | aproximadamente 80g |
| 1 tomate grande | aproximadamente 100g |
| 1 cebola pequena | aproximadamente 30g |
| 1 cebola média | aproximadamente 50g |
| 1 cebola grande | aproximadamente 100g |
| 1 *échalote* | 5g |
| 1 abobrinha média | 165g |
| 1 batata média | aproximadamente 100g |
| 1 cenoura pequena | aproximadamente 30g |
| 1 cenoura média | aproximadamente 50g |
| 1 cenoura grande | aproximadamente 100g |
| 1 pepino médio | aproximadamente 50g |
| 1 couve-flor pequena | aproximadamente 70g |

# Glossário

**Apurar:** Processo de tornar o alimento que está sendo preparado mais concentrado ou saboroso, deixando-o ferver por um tempo prolongado.

**Banho-maria:** Aquecer ou cozinhar lentamente um alimento, colocando o recipiente em que este se encontra dentro de outro com água e levando-o ao fogo ou ao forno.

**Bechamel:** Molho salgado e de consistência cremosa, preparado com leite, farinha de trigo, pimenta, noz-moscada e manteiga. Também chamado de "molho branco", serve ainda de base para outros molhos cremosos. Criado pelo gastrônomo francês Louis de Béchamel no final do século XVIII.

***Bouquet garni*** **(termo francês para "buquê de ervas"):** Pequeno maço de ervas usado para condimentar, no qual se amarram principalmente cheiro-verde, manjericão, cebolinha, folhas de louro, aneto e estragão.

**Brangir:** Aquecer rapidamente o alimento, passando-o de um lado e do outro na panela sem acrescentar nenhum tipo de óleo ou gordura.

***Brunoise*** **(termo francês):** Mistura de vegetais picados em pedaços bem finos (geralmente em cubinhos) e lentamente refogados em manteiga. Serve para adicionar sabor a molhos, caldos e sopas.

**Caramelar:** Derreter o açúcar ao fogo até que se torne uma calda escura e grossa. Também significa cobrir o fundo e as bordas de um recipiente com essa calda.

***Chinois*** **(termo francês):** Espécie de funil ou tela de inox, de furos bem pequenos, utilizado em cozinha profissional para coar molhos e caldos, entre outros preparados líquidos.

***Confit*** **(termo francês):** Modo de cozimento lento de carnes, sobretudo de aves, na própria gordura. É também aplicado a legumes ou frutas, utilizando-se bebida alcoólica, açúcar ou vinagre.

**Deglaçar:** Fazer um fundo com o restante das carnes que ficam grudadas nas panela ou no utensílio de cozimento, juntando um pouco de vinho, líquido aromático ou água.

**Desidratar (ervas):** Processo de se retirar todo o líquido das folhas, primeiramente picando-as fino e enrolando-as em um pano seco; em seguida, levando-as ao forno, em um tabuleiro, por cerca de 10 minutos, em temperatura bem baixa.

**Desossar:** Retirar os ossos de uma carne mantendo sua forma original.

**Dessalgar:** Retirar o excesso de sal de um alimento, deixando-o de molho em água, que deve ser trocada em intervalos regulares (em geral estipulados na receita).

**Encorpar:** Adicionar produtos espessantes a certos pratos para aumentar sua viscosidade ou dar-lhes mais consistência. Dependendo da receita, são usadas: farinha de trigo, maisena, araruta, fécula de batata e gemas. Pode-se também apenas ferver o alimento em fogo alto até que este atinja o ponto desejado.

**Escaldar:** Despejar água fervente sobre um alimento, ou colocá-lo nesta água por alguns instantes, passando-o em seguida em água fria para não deixar que cozinhe.

**Fundo de panela (processo de deglaçar):** Fundo que é feito com o restante da carne (ou de qualquer outro alimento) que ficou grudada na panela ou no utensílio de cozimento, juntando um pouco de vinho, líquido aromático ou água.

**Gratinar:** Cobrir o prato com queijo ralado e farinha de rosca, levando-o ao forno até que se forme uma crosta dourada.

**Hidratar:** Adicionar água a determinado alimento para que ele recupere suas características originais, como se faz, por exemplo, com cogumelos secos, gelatina e leite em pó.

**Juliana:** Corte do alimento em tirinhas.

**Marinar:** Deixar um alimento – em geral carnes, aves ou peixes – de molho em marinada (vinha-d'alhos) para que fique mais macio e impregnado pelo molho. A marinada é um preparado de azeite, vinagre ou suco de limão, com sal ou vinho, ao qual se acrescentam vários temperos, como cebola, alho, louro e salsa.

**Ponto de fio:** É o ponto em que ao se retirar um pouco da calda e puxá-la com os dedos, forma-se um pequeno fio, com consistência firme o suficiente para não se desmanchar com facilidade.

**Reduzir:** Diminuir a quantidade de líquido pela fervura até que este chegue ao ponto ideal.

**Resfriar:** Desaquecer um alimento, levando-o à geladeira ou deixando-o fora do fogo por apenas alguns instantes.

**Saltear:** Método de cozimento rápido, em que se faz uma breve fritura com o utensílio em movimento, de forma que o alimento não fique permanentemente em contato com o fundo da panela.

***Sauté*** **(termo francês):** Alimento preparado pelo método "saltear", descrito no item anterior.

**Suar:** Esquentar qualquer alimento em panela aberta e em fogo brando, passando-o no óleo ou na gordura para perder o suco.

**Tomate *concassé* (termo francês):** Tomate picado em cubinhos, sem pele nem sementes.

***Wok*:** Frigideira oriental destinada à fritura em fogo alto.

154

# Índice Remissivo

A Favorita  35
Antiquarius (Rio de Janeiro)  37
Antiquarius (São Paulo)  121
Arábia  131
Arlecchino  72
Banana da Terra  46
Beijupirá  132
Bistrô D'Acampora  47
Boulevard  82
Calamares  38
Cantaloup  124
Carême Bistrô  95
Casa da Suíça  48
Chez Georges  74
Da Silva  148
Deck  123
Divina Gula  133
Dom Giuseppe  94
Dona Derna  125
Empório Ravióli  71
Emporium Pax  93
Enotria  77
Enseada  41
Fogo Caipira  45
Galani  119
Giuseppe  44
Gosto com Gosto  75
Guimas  127
Il Tramezzino di Paolo  135
Kojima  99
La Caceria  79
La Casserole  49
Lá em Casa  39
La Gondola  120
La Sagrada Familia (Niterói)  145

La Sagrada Familia (Rio de Janeiro)  112
La Vecchia Cucina  101
La Via Vecchia  108
Locanda Della Mimosa  102
Luna Bistrô  53
Marcel (Fortaleza)  55
Marcel (São Paulo)  57
Margutta  59
Mistura Fina  149
Moana  83
Nakombi  141
O Navegador  81
Oficina do Sabor  103
Oriundi  105
Papaguth  87
Parador Valencia  107
Pax  43
Portugallia  61
Quadrifoglio  89
Rancho Inn  62
Ristorante Bologna – Famiglia Caliceti  73
Roanne  142
Ruella  143
Sagarana  137
Splendido Ristorante  80
Sushi Garden  147
Sushi Leblon  65
Taste Vin  129
Varig no Mundo  109
Vecchio Sogno  111
Vinheria Percussi  67
Wanchako  113
Xapuri  63

Acarajé com Camarões ao Alho-poró  41
Acarajé Rancho Inn  62
Arroz com Favas Frescas e Carne  131
Baked Beans  57
Camarões com Molho de Feijão-roxinho  111
Camarões Vestidos com Bacon e Feijão-rajado  102
Carne-seca Desfiada com Risoto de Feijão-verde e Jerimum  137
Cassoulet de Feijões  49
Cassoulet do Mar  105
Ceviche de Camarões com Feijão Refrito  95
Coelho com Misto de Feijões  121
Creme de Feijão-jalo com Bacon e Cavaquinhas  112
Crepe de Feijão com Calda de Laranja  143
Cuscuz de Feijão-preto e Camarões  109
Delícia do Sertão  83
Espaguete com Creme de Feijão  75
Feijão Caipira  87
Feijão Cannellini com Sálvia e Bacon  73
Feijão com Ervas e Carne-seca  123
Feijão Japa  93
Feijão-verde com Alho  55
Feijão-branco com Dobradinha  125
Feijão-branco com Mariscos  107
Feijão-tropeiro com Pato Confit  127
Feijoada Caesar Park  119
Feijoada de Capote  120
Feijoada Mar e Terra com Farofa de Lula  108
Fricassê de Feijão  129
Frutos do Mar com Feijão  94
Galette de Feijão-preto com Vinagrete de Quiabo  82
Galinha-d'angola com Sauté de Minifeijões do Tocantins  124
Hambúrguer de Feijão  132
Lasanha de Feijão  74
Lula Maravilha  103
Mexido de Feijão  79

Mix de Carne com Risoto de Feijão-vermelho  135
Musse de Feijão-manteiguinha de Santarém  39
Nakazuki  141
Nhoque dos Camponeses para Pavarotti  71
Panqueca Noite de Gala  89
Pastéis de Feijão  148
Pudim de Feijão com Maçã e Passas  145
Purê Doce de Feijão-branco  142
Rasgados de Massa com Feijão à Romana  72
Ravióli de Feijão-preto  81
Ravióli de Feijão-branco com Lagostins  80
Risoto de Feijões com Parma e Porcini  77
Rolinho de Feijão com Banana  147
Rolinho Primavera de Feijão-azuki  46
Rosbife de Atum sobre Salada de Feijão  35
Salada d'Aldeia  45
Salada de Feijão-fradinho com Bacalhau  61
Salada de Feijão-verde, Camarões e Nozes  53
Salada de Feijões  44
Salada de Polvo e Feijão-branco  59
Salada em Preto e Branco  48
Salteado de Atum Fresco com Feijão  99
Saudade da Roça  43
Sopa de Feijão-branco com Camarões  101
Sopa de Pedra  37
Sopa Fria de Feijão  67
Suflê de Feijão  38
Tacu Tacu de Mariscos e Feijão  113
Tartar de Grãos com Camarões  47
Tempura de Broto de Feijão com Guacamole Oriental  65
Tortinhas de Feijão  149
Trouxinha de Feijão-carioquinha  133
Tutu de Feijão  63

155

# English Translation

## Beans, why we love them...

To talk about food, sensations, memories, games, delights, sex. To learn more about the world, nature and the human being. To prepare different dishes, to wrap oneself in the coziness of tradition and values. To be aware of generosity.

Of the many qualities of beans, this is probably the principal one: it is a generous nourishment. They enriches the earth where they is planted, provide almost all our dietary requirements (vitamins, proteins, minerals), inhibit the onset of cancer and heart diseases, help lower cholesterol and blood-sugar levels and combat anemia. They can even be used for manufacturing cosmetic products, do not require fertilizer, need little care, and are economically viable. A handful of beans feeds a whole family for a very low price. And, there is more. In the modern world, beans have managed to change their image and broaden their appeal; they are no longer "food for the poor". They have become fashionable.

Their colors, types and variety of shades and tastes fit right in, in sophisticated luxury restaurants. There are spotted ones, creamy ones, black ones, white ones, red ones, mottled ones, green ones, yellow ones, brown ones, small ones and large ones. There are those that come from India, those that come out of Japan, those which are found in the Middle East, and those found in abundance in Africa. The bean is the superstar in a world in which everyone jogs, exercises, overcomes difficulties, and strives for health and ecology at any cost.

It satisfies a broad spectrum of people, from the manual worker to the elegant bird. Do you doubt that beans are in fashion? Check out the *glamour* that exists when one tastes ice cream, canapés, casserole or even a safari of beans (the name given to a dish served in the safaris of Kenya, see recipe on page 158). Have you ever noticed the taste (slight) of mushrooms that exists in black beans? And never refuse *feijoada de lei*, bean stew, fried bean cakes, *abará*, or beans of Santarém freshly in from Belém. In short, do not deny yourself the comforting flavor of that which is traditional and understood and has been passed down from generation to generation, through the ages. Be they contemporary, classic, traditional or very modern, all cuisines enjoy discussing the subject of beans. And they like discussing even the most insignificant of details, such as nicknames: did you know for example that the *carioquinha* (pinto) bean got its name on account of the wavy patterns on its skin which are similar to those on the Copacabana beach sidewalk?

The smell of beans cooking is simply irresistible. This aroma really whets the appetite (like in the children's tale of the little cockroach and Lord John Rat, who fell in the pan of beans). The design is simple, pure and totally clean. The taste is intoxicating, a spring which excites cheers and vitalizes, according to the recipe. The beans increase in size two or three times after being cooked, depending on the dish. A short time for salads, medium for garnishing and baking, a long time for soups and purees. In short, they do not lack substantive charm and eloquence. Each type (*azuki*, black, *lima*, *borlotti*, pinto, red, *mung*, *cannellini* etc.) bears its own indelible mark, a subtle difference.

Without being temperamental, it punishes those who do not respect its tricks and secrets when preparing them. If prepared badly, they may lead to flatulence (to prevent this, change the water after boiling for the first time).

It is a faithful friend. We have accompanied and fed on it for millenniums, all over the Earth. There are many species and some confusion concerning beans and their close relatives, such as soya beans, chickpea, the lentil, the pea and the field bean. From a botanic perspective, they all belong to the same family, the legume family. But each one of these grains belongs to a different species and genus. Sometimes what we refer to as beans are not always in fact beans. See the example of the cowpea. It is called this because it spreads itself out like a twine, a creeper that wraps itself around other plants such as sweet corn for example. It is known as beans by the *vox populi*, but in fact belongs to another genus according to scientists.

Some of the main grain legumes known in Brazil and their respective scientific names according to Brazilian Agricultural Research Company (Embrapa):

| Common Name | Scientific Name |
| --- | --- |
| Beans | Phaseolus vulgaris |
| Cowpea | Vigna unguiculata |
| Lima Bean | Phaseolus lunatus |
| Pea | Pisum sativum |
| Lentil | Lens culinaris |
| Fava beans | Vicia faba |

Grain *Leguminosae* are plants which belong to the Legume family (= *Fabacea*) and are consumed both as ripe, dried beans and unripe and green, or even whilst still contained in the green pods. The are two types of seed: oil seeds, such as soya and peanut, and grains, which encompass beans, lentils, peas and the field bean. The *Phaseolus* genus boasts around 55 species, of which only five are cultivated: the common bean (*Phaseolus vulgaris*), the lima bean (*Phaseolus lunatus*), the scarlet runner bean (*Phaseolus coccineus*); the tepary (*Phaseolus acutifolius*) e o greenman (*Phaseolus polyanthus*). Of these five, the common bean (*Phaseolus vulgaris*) is currently the most widespread and consumed in the whole world.

There are in total around 14 thousand types of legume. Those that are cultivated are called pulses, from the Latin *puls*, an ancient name given to a dish prepared with these types of beans. Where do legumes originate from? There are references to this in all the cultures of the world.

In the *Bible*, a plate of lentils buys the right to be the eldest son. Esau, the eldest son, was hungry; his brother Jacob had a steaming, nice smelling plate of lentils in his hands. Jacob then gained the powers and advantages of being the eldest son in exchange for the lentils. The story of Daniel in the court of the King of Babylon proves the nutritional value of the bean. Although King Nabucodonosor had ordered that the children of Israel were to be fed on meat and wine so as to enjoy good health, Daniel, who was one of them, refused to obey the order. He preferred water and pulses. After ten days had lapsed, his appearance, strength and well-being were apparent, whilst the other children were more flaccid and weak.

Around five hundred years before Christ in Egypt, priests believed that beans contained the souls of the dead, on account of their fetus-like shape. In Japan, beans used to be scattered around the

156

home to exercise evil spirits. The ancient Romans used them in their feasts and to settle debts and bets. There is evidence that beans were used on a daily basis in the ruins of Troy. The spread of legumes throughout the world is easily explained. They are omnipresent, versatile, adapt to the climate, fertilize the earth and during wartime, become a dish that is easy to manage and is an essential part of the warriors' diet on the march.

There are records of their consumption stretching back at least nine thousand years before Christ in South America, their birthplace. Beans spread throughout the world from the Americas: Europe, Asia and Africa all possess beans descending from American genotypes today. They were served on the Royal tables of Charles II of England, the court of King Louis XIV of France and at the banquets of Popes. In fact, it was Clement VII who ordered that some beans be given to Catherine de Medici for her to present as a gift at her wedding to the future Henry II.

### Passion and beans: the quotidian

On a large plot of beaten land, the bean pods were put out in the sun to dry. At the hottest part of the day, the men came, bearing long, flexible sticks and started the collection. The beans fell like drops of blood from within the silky heart of the pods. The sweat dripped from each face, plain for all to see, the sticks beat mercilessly. Blisters on the hand burst open. The work was arduous, yet the pantry was soon stocked. At the end of that afternoon, the smell of food wafted around, soothing all of weariness and hunger. Nothing beats fresh beans cooked over a log oven, staining the purity of rice.

The person who penned this tale of "our daily beans" is the teacher Regina Maria de Souza Moraes, in a contribution to this book. She was born in an country town called Sacramento in the state of Minas Gerais, in the 'Mineiro Triangle'. She currently resides in the town of Betim, near Belo Horizonte, but never forgets the time she spent on the farm:

"I spent a lot of time in the country: coffer plantations, fresh milk, horse riding. We were a small family, my parents, my sister, a younger brother and I. We grew beans and field beans. I am not really aware of the difference between the two. I recall that the edible field bean was reddish and the grains were round. The plant was a creeper and the pods grew upwards. The beans had shorter stalks and the pods sat closer to the earth. We planted both in the sweet corn plantation.

"Living on a farm entails certain duties. In general, the females are responsible for the food. During my childhood, there was no electricity in the rural area and this made conserving food somewhat difficult. Almost everything had to be prepared at the time of eating, and beans were no exception.

"There was the ritual of choosing the beans. Every night after dinner, my Mother would measure weigh the beans to be eaten the following day. The measurement was precise, as we had no fridge and nothing could be left over. The beans used to arrive covered in dirt from red ant nests, as poison to prevent their formation was not used at that time. Choosing the beans covered in earth was a painstaking process. Not a single grain could be allowed to escape. There was no electricity. We used to fetch a kerosene lamp and put in on the sink surface, very close to the sink. Fingers dived into the cold water and produced fistfuls of beans which were then chosen one by one by lamplight. Afterwards they were washed with soap and thoroughly rinsed. To this day, I can still smell the homemade soap.

"Afterwards, the beans would be placed in an iron cauldron and the log oven would be stoked up. The beans had to be boiled before the fire burnt out, otherwise they would be hard. Countless times I waited, exhausted, for my Mother to finish her chores in the kitchen, and the last of these was always waiting for the moment at which the water in which the beans were being cooked boiled. Then the day's tasks were complete. The fire would slowly burn out and it was bedtime. In the morning, the cooking would go on till lunchtime. We, the children, would play nearby. As soon as the beans were ready it was time for the enjoy the delicious food; a mug full of pagan beans seasoned with rock salt. Little fingers would seek out the pods and the crystals. Our mouths would savor the moment.

This close intimacy with the bean – sowing, harvesting, cleaning, cooking, seasoning, savoring – can exist in several stages and forms. The moment in which nobody is interested in beans, when they look at bean soup or a plate of rice and beans as something which does not trigger the desire to indulge. Afterwards, the moment in which the urge to eat beans is overwhelming, unrelenting, stubborn, persevering, underlying. Ring any bells? Passion? Any relation between the two? Similar.

Beans are energy. Its shape is similar to that of a fetus, testicles or even a kidney. When its begins to grow it opens like a vagina and – like a creeper – grows entwined around other plants. On farm nights, one of the activities, which until of late was very common, was shelling the recently gathered beans whilst listening to ghost stories, stories which made the work seem lighter, whipped up the imagination and animated the soul.

The beans quickly grows into an attractive green plant bearing heart-shaped leaves. The bean pressurizes the shell until it bursts open, whereupon two green leaves appear, with the shoot sat in the middle of these. Both parts open further and further and the shoot grows and grows until the first leaves and roots appear. The green leaves are food stores which are used until the bean can manage to feed itself, by means of its own roots. Should the urban reader desire to witness this moment of life with his own eyes, put some beans in some moist cotton wool in a glass and watch them sprout.

Another interesting fact about the beans is their sexuality: it is part of the plants whose flowers are bisexual and are self-fertilizing. The pollen from one plant fertilizes the ovules of the very same plant. And from this moment the bean starts to hum Cole Porter in "Let's do it". In this famous song, everybody loves each other, that is they have sex. From fleas to chimpanzees and kangaroos, from nightingales to Finns and the Dutch. Not forgetting of course the Boston Baked Beans, a delicious dish where the beans are cooked in caramel.

*People say, in Boston, even beans do it,*
*Let's do it... let's fall in love..."*

### Literature & music

If the bean can be the practical side of life – as in *O feijão e o sonho* (*The Bean and the Dream*), by Orígenes Lessa –, it can also be the magical side. Who has never heard of *Jack and the beanstalk*? About the poor boy who was burdened with the task of selling the cow – the only asset he and his mother possessed – just to make some money. But on the way to the market the boy comes across a person who offers to exchange the cow for a handful of magic beans. Jack accepts the proposal and returns home to tell his Mother all about what has happened. However his mother flew into a fit of rage as he had just wasted their only chance of having something to survive off, and threw the beans out the window in disgust. All went to bed on empty stomachs. The following day however, a huge, fabulous bean stalk had sprouted from the ground which reached right up to the sky. An extremely curious Jack climbed right up the beanstalk until he arrived at the Giant's castle, who fed himself on human flesh. The boy finds out that the giant is in fact a thief, who had plundered many riches. To cut a long story short, Jack manages to evade the giant and climbs back down the beanstalk as fast as possible with the chicken which lays golden eggs under his arm. When he reached the bottom, he chopped down the beanstalk with his axe, thereby killing the giant and lived happily ever after with his dear Mother, the chicken and the golden eggs. All of this was down to a few beans which were really a good swap for the cow.

João Cabral de Melo Neto, in *Antologia poética*, compares the act of writing to that of picking beans in the poem "Catar feijão" (picking beans).

Picking beans borders on writing:
the beans are tossed in the washing-basin water and words onto the sheet of paper and afterwards, that that floats is thrown out (…)

Vinicius de Moraes wrote the exquisite "Feijoada a Minha Moda", which ends as follows:

"(…) What pleasure does a person desire
After having eaten such beans?
Obviously a hammock
And a cat to stroke."

In the poem "A Mesa" (The table) in *Reunião, 10 livros de poesia*, Carlos Drummond de Andrade talks about beans with bacon and manioc flour:

"(…) a grand Mineiro dinner
would be this…
We would eat,
and as a result would get our appetite
and food was the pretext.
and an appetite was not even required
because things
Let themselves slice
and tomorrow is what they were.
never scorn the *tutu*
just one more piece of crackling (…)"

There are innumerable songs. Paulinho da Viola sings:

"The famous bean of Vicentina
Only he is who from Portela
knows that it is divine (…)"

Ivon Cury was an ever-present success in the 1950 singing "Feijão, feijão, feijão" (Beans, beans, beans).

Chico Buarque excels in "Construção" ("I ate rice and beans as if I were a prince) or in "Feijoada completa" (full *feijoada*).

"My dear
Of this you will approve
I'm bringing a few friends over to chat
they shall arrive extremely hungry
and shall be almost dying of thirst
Get enough ice cold beer for a small army
and let's put the beans on the stove."

Even the illustrious Louis Armstrong used to sign and close his letters with the phrase which became his registered trademark: "*Red beans and ricely yours, Louis Armstrong.*" Can you picture the sound and the promised treats?

## Political rationale

The indigenous population used to call the bean *comanda* and the duo *comanda* & manioc flour was already on the menu when the Portuguese first arrived. And so it remained for a long time, particularly in the time of the explorations and the *bandeirantes* (the first expeditioners): beans was the meal, the sustenance, the promoting force of human energy. As it spread throughout the country, it ended up giving origin to the *feijoada*, which according to Luís da Câmara Cascudo in *História da alimentação no Brasil* (*A history of food in Brazil*) "is a European solution prepared in Brazil; a Portuguese technique using Brazilian materials (…) *Feijoada* is not merely an *hors d'oeuvre*, it is a full menu. fauna and flora are condensed in it".

In Europe, there are versions cooked with several meats, legumes and vegetables all boiling away together, and other options such as the *cassoulet*, a type of French *feijoada* entailing beans, pork and/or duck and goose. The Jews boast *cholent*, based on white beans, potatoes and rye (no pork, of course). It is prepared on the Eve of the Sabbath, let in the oven to cook on a low heat, as according to the Jewish religion, Saturday is not a day for working. However, you are allowed to taste what has already been prepared. In Brazil, there is a mixture of meat (mainly pork), flour and extras, such as pumpkin, spring greens or orange, depending on the region. It may well have started a food for slaves, who made use of the pork leftovers disregarded by their masters to enrich the bean stock, but nowadays it is considered upper class, and is found in refined hotels and restaurants.

The are impeccable texts which mention this, our national dish. Such as those in Guilherme Figueiredo's *Comidas, meu santo* (*Food, my saint*), which narrates what goes on before, during and after a *feijoada*:

(…) A *feijoada* demands that you talk about *feijoada*. It is not possible to swallow the thick mixture of beans, flour, meat, sliced orange, and vegetables sprinkled with chili, and spring greens and mount of crackling whilst talking about something else. There are those who know other formulas and recite them. There are variations which appear, as in games of chess. There are probably people who way that the last *feijoada* was the best of their lives, as frankly the last *feijoada* we have eaten is always the best. Somebody will probably say of the chili pepper: - it's awesome!

"(…) A guest, out of politeness, asks the hostess her secret, to cool the competitive spirits: Do you add the meat together or do you separate it? A question that would make even a parson blush (…)"

Guilherme Figueiredo also tells the story of Villa-Lobos, aiming to show the strong presence of our cuisine in Paris, inviting a select group of musicians and artists to try it. When the lid of the large steaming pan was removed and the *feijoada* was thus exposed for all to see, one of the celebrities turned away stating: "*Mais, c'est de la m...!*"

He didn't have time to get the silent 'e' at the end of the word out. Villa-Lobos stirred it around and pushed some of it in his face.

Another unforgettable story is that of Pedro Nava in *Chão de ferro* (*iron floor*). Describing how to make *feijoada*, how it is arranged on a plate (in layers, first crushing the chili in the stock etc.), how it should be eaten. He pointed out its main quality: being baroque in its extravagance.

Artistic and more, orchestral and symphonic, the king of Brazilian dishes means to the mouth and tongue what the following do to the ear – waves, flamboyance, fascination, animation, golden, pre-baroque of the Mineiro and

158

Trio musical masters in A major by two oboes and English horns – 'Opus 87', Ludwig van Beethoven. The full *feijoada*, philosophical, in mourning due to its color and mortal remains which are its ingredients in addition to its memento. After it, as in after an orgy, the flesh is somniferous. Not that on the plate, ours, the sinner.

The polyvalence and adaptability of the bean, the possibilities it creates for socializing, allows everything to go well together, be it fish, shellfish, crustaceans, pasta, rice, flour, orange, spring greens, pumpkin, meat, poultry, sugar, seasoning and God knows what else, all make this bean the "King of All". As the popular ballad states: "One, two, rice and beans/Three, four, beans on the plate (…)" It is also common to say "Thank God, we always have beans at home". In other words, food is never in short supply and beans are the staple part. Brazil is the second biggest producer of beans belonging to the *Phaseolus* genus in the world, and the biggest producer of *Phaseolus vulgaris*, according to Embrapa. As for yearly national consumption, this figure is some 16kg per inhabitant (1999 data), with many regions of the country having their own preference for the color, type of bean and quality of cuisine. In the 1998/1999 crop, Brazilian bean production was 2.5 million tons, of which 80% were colored and 20% were black.

Soft, *al dente*, strong or subtle taste, bitter, sweet or savory, dishes containing beans are present in Asia, Africa, Europe, and the Americas with an amazing intensity. In Brazil, where the next day it turns into yet another dish (beans with bacon and manioc flour, bean stew or casserole may all arise from the full *feijoada*), or other concepts such as the North-Eastern *baião-de-dois* (rice and beans, sometimes with bacon and coconut milk, served with a dish of gherkin stew or curd cheese cut into cubes), the bean itself is fundamental. Its uses are so varied that it can be used as a counter on bingo cards (game) or become a sonnet, like those of Celso Japiassu and Nei Leandro in *50 sonetos de forno e fogão (50 oven and stove sonnets)*. For example, *the Feijão de coco* (coconut beans) (1/2 kg of red kidney or black beans, a small bottle of coconut milk, a pinch of salt, a pinch of sugar):

"Of the many ways to make
good beans, the most unusual,
creative, of exotic flavor,
is about to be revealed in these verses

"Collect, wash the beans, let them soak
and the next put them on the stove
only in pure water, without seasoning.
When ready, carefully crush them.

"Remove he skins using a sieve,
put the paste in the oven, adding
coconut milk, salt and sugar.

"Boil for a while and serve on a plate
which can accompany cooked fish,
in a most North-Eastern of matches."

Beans can also be desserts. Gelatin, ice cream, cakes, biscuits, mousses and the like, some delicacies, all are examples of their versatility. In Thailand, its starch is even used for preparing vermicelli, a type of pasta. In short, they can be used in starters, soup, side dishes, main dishes and desserts. They are the reason behind popular festivals, like that in Parnaíba, promoted by the town hall on the last day of May. Or the Bean Festival which takes place yearly in Sutri, a small medieval town in Italy. There, they pay respect to the *regina* bean (queen), "consistent and bulbous, with a chestnut flavor", according to one Michael Rips in *O nariz de Pasquale (Pasquale's Nose)*. It is considered the best bean in all of Italy.

Some challenging opinions are available on the Internet, such as those of Doctor Aguinaldo Torres (http://intermega.oglobo.com/cerrito/beneficios.htm). According to him: "There exists strong evidence that the ample concentrations of magnesium, manganese mineral and iron found in good quality beans help develop the gluteal muscles. Hence the fact that Brazilian women have the most beautiful bottoms in the world."

The kind bean ignores any possible "sillyness" and continues with its saga, regardless whether among budhas, ayatolas, Christians and deities (*macumba* followers) of life. Some care is required, but it gives more than is requested of it: At the turn of the year 1000, says the Italian philosopher Umberto Eco, in an interview with The New York Times, published by Veja magazine, cultivation of the bean and other legumes saved Europe from starvation:

"They were hard times, times in which people died of hunger or were permanently sick because of malnutrition. The development of legume cultivation changed all this. As sources of protein they replaced the scarce meat. Cattle farming was practically inexistent and hunting was only enjoyed by the rich. Thanks to this new diet, the peasants became more robust and resistant to disease. Life expectancy rose significantly and the infant mortality rate fell off."

Father of all, the bean has the heart of a Mother. It is a metaphor for love, maybe.

August 2002

### Bibliography

ANDRADE, Carlos Drummond de. *Reunião, 10 livros de poesia*. Rio de Janeiro: J. Olympio,1969.

CASCUDO, Luís da Câmara. *História da alimentação no Brasil*. São Paulo: Editora Universidade de São Paulo, 1983. 2v.

CHAUÍ, Laura de Souza, SOUZA, Marilena de. *Professoras na cozinha*. São Paulo: Editora Senac São Paulo, 2001.

ECO, Umberto. Salvos pelo feijão. *Revista Veja*, Jul. 28, 1999. *Interview with The New York Times.*

FIGUEIREDO, Guilherme. *Comidas, meu santo*. Rio de Janeiro: Civilização Brasileira, 1964.

FRIEIRO, Eduardo. *Feijão, angu e couve*. Belo Horizonte: Editora Universidade Federal de Minas Gerais, 1966.

GOUST, Jerôme. *Le haricot*. France: Actes Sud, 1998.

GREGORY, Patrícia R. *Bean banquets, from Boston to Bombay*. California: Woodbridge, 1984.

GROSS, Kin Johnson. *Cooking*. New York: A. Knopf, 1998.

HORSLEY, Janet. *Bean cuisine*. New York: Avery Publishing Ground Inc.,1982.

JAPIASSU, Celso, CASTRO, Nei Leandro de. *50 sonetos de forno e fogão*. Rio de Janeiro: J. Olympio, 1994.

KIMBALL, Robert. *The Complete lyrics of Cole Porter*. New York: Da Capo Press, 1992.

LESSA, Orígenes. *O feijão e o sonho*. São Paulo: Ática, 2001.

MCNAIR'S, James. *Beans & grains*. San Francisco: Chronicle Books, 1997.

MELO NETO, João Cabral de. *Antologia poética*. Rio de Janeiro: Sabiá, 1967.

MORAES, Vinícius de. *Poesia completa e prosa*. São Paulo: Nova Aguilar, 1987.

NAVA, Pedro. *Chão de ferro*. Rio de Janeiro: J. Olympio, 1976.

RIPS, Michael. *O nariz de Pasquale*. Rio de Janeiro: Objetiva, 2002.

SOUZA, Sérgio de, CEGLIA NETO, Paschoal. *O prato nosso de cada dia: arte culinária brasileira*. São Paulo: Yucas, 1993.

SPENCER, Colin. *Colin Spencer's vegetable book*. London: Conran Octopus, 1995.

THE ESSENTIAL GUIDE TO ASIATIC CUISINE. [s.l.] Könemann, 2001.

VIEIRA, Rogério Faria, CLIBAS, Rosana Faria. *Leguminosas graníferas*. Viçosa: Universidade Federal de Viçosa, 2001.

WERLE, Loukie, COX, Jill. *Ingredients*. [s.l.] Könemann, 2001.

CONSULTATION

- Researcher: Dr. José Luiz Viana de Carvalho, infrastructure supervisor of Embrapa Agroindústria de Alimentos (jlvc@ctaa.embrapa.br).

- Researchers: Dr. Heloisa Torres da Silva (heloisa@cnpaf.embrapa.br) and Dr. Noris Regina Vieira (noris@cnpaf.embrapa.br), of Embrapa Arroz e Feijão (sac@cnpaf.embrapa.br).

**Bean Safari**

(Recipe taken from the book
*Bean banquets, from Boston to Bombay*, by Patrícia R. Gregory.)

*450g beans*
*1 large chopped onion*
*2 tablespoons butter*
*salt*
*white pepper to taste*
*3 or 4 skinned sliced tomatoes*
*1 1/2 cups of grated cheddar cheese*
*(or similar)*

1. Cook the beans, drain
2. Grease a large patty tin.
3. Sauté the chopped onion in butter in a large frying pan, do not allow to brown. Mix in with the drained beans, salt and pepper.
4. Put 1/3 of this mixture in the greased patty tin and cover with tomato slices. Put a little salt and pepper on the tomatoes and sprinkle with 1/3 of the cheddar cheese.
5. Repeat this step two more times.
6. Put the lid on the tin and bake at 180°C for 25 minutes. Remove the lid and bake for a further 5 minutes. It serves 6 to 8 portions. Serve with homemade bread and a mixed salad as a side dish.

# *Entrées & Side Dishes*

**Roast Tuna on a White Bean Salad**
A FAVORITA
BELO HORIZONTE

*Tuna:*
*500g tuna flank, cleaned*
*50ml extra virgin olive oil (5 tablespoons)*
*salt and pepper*

*Salad:*
*200g red onion (2 large onions)*
*2 x 500g tins of cooked white beans*
*20g chopped parsley (2 tablespoons)*
*50ml olive oil (5 tablespoons)*
*salt and pepper to taste*

*Salad dressing:*
*100ml extravirgin olive oil (10 tablespoons)*
*30ml balsamic vinegar (3 tablespoons)*
*5g wasabi powder*
*20g Dijon mustard (2 tablespoons)*
*salt and freshly-milled pepper to taste*

*Garnish:*
*small leaves: watercress, endive-frisée, mâche etc.*

*Utensils required:*
*string, strainer and bowl*

Tuna:
1. Season the tuna and tie into a neat shape.
2. Heat the olive oil in a frying pan, add the fillet and fry evenly on all sides for at least 3 minutes.
3. Remove the fillet from the heat, set aside and leave it to get cold.

Salad:
1. Cut the onions in half lengthwise and then slice very thinly.
2. Drain the beans and put them in a bowl together with the sliced onion.
3. Toss the beans and onions together, adding the parsley, olive oil, salt and pepper.

Presentation:
1. Divide the salad onto individual plates, smoothing the surface of each portion with a spatula.
2. Cut the tuna into thin slices and arrange over the bean salad.
3. Mix together the ingredients for the salad dressing and dribble over the tuna and around the salad.
4. Season the leaves and put them on the tuna to garnish.

*Wine:* Deconstructed aspect of a classical Italian salad, goes down very well with a Verdicchio di Matelica of late harvest grapes.

**Stone Soup**
ANTIQUARIUS
RIO DE JANEIRO

*400g red beans*
*320g pig's ear*
*6 liters of water*
*5ml olive oil (1 teaspoon)*
*40g chopped onion (1 medium-sized onion)*
*8g chopped garlic (1 1/2 cloves )*
*70g diced tomato, skinned*
*(1 medium-sized tomato)*
*salt and pepper*
*4 well-chosen stones*

1. Cook the beans and the pig's ear in salted water for 2 hours and 30 minutes.
2. Heat together in another saucepan, the olive oil, onion, garlic and diced tomatoes and stir-fry until onions are soft.
3. Add the beans together with all the cooking liquid and the finely chopped pig's ear.
4. Season with salt and pepper.
5. Place the four stones in a saucepan with water and boil for one hour. Place one stone in each soup bowl and add the soup. Serve at once.

*Wine:* A hot Aragonez do Alentejo, of good extraction, will add a further dimension to this rustic but delicious soup.

**White Bean Soufflé**
CALAMARES
PORTO ALEGRE

*50ml olive oil (5 tablespoons)*
*200g onion, sliced very finely into rings*
*(2 large onions)*
*150g broccoli, cooked and chopped*
*100g carrot, cooked and chopped*
*(1 large carrot)*
*150ml white sauce*
*200g white beans, cooked and drained*
*3 eggs*
*salt and pepper to taste*
*butter to grease the soufflé dishes*
*50g grated cheese (5 tablespoons)*

*White sauce:*
*150ml milk (15 tablespoons)*
*10g onion (1/3 of 1 small onion)*
*1 bay leaf*
*1 pinch of salt*
*1 pinch of nutmeg*
*15g butter*
*20g flour (2 tablespoons)*

*Utensils required:*
*4 individual soufflé dishes (approximately 10cm in diameter)*

To make the white sauce:
1. Heat all the ingredients, except the flour and the butter, and bring to the boil. Lower the heat once the mixture has boiled. Add the butter and flour. Beat well until smooth.
2. Fry the onion in the olive oil until golden (it is important to fry the onion until it is all golden).
3. Add the broccoli and carrot. Then add the White sauce and stir over a low heat for 2 minutes.
4. Carefully fold in the White beans. Remove from the heat and stir in the beaten eggs.
5. To serve: Divide the mixture between individual soufflé dishes, greased with butter and dusted with breadcrumbs. Sprinkle with grated cheese and bake in a moderate oven for approximately 25 minutes. Serve immediately.

*Wine:* We need a delicate white wine, with good freshness and low alcohol content. Why not a domestic Chardonnay from the *Vale dos Vinhedos*?

**Santarém Butter Bean Mousse**
LÁ EM CASA
BELÉM

*150g butter beans from Santarém (if you prefer, you can use dwarf beans instead).*
*3 1/2 liters water*
*50g bacon*
*salt and olive oil to taste*
*Amazonian herbs (basil, chicory, parsley)*
*to taste*
*40g chopped tomatoes (1/2 medium tomato)*
*50g chopped onion (1 medium onion)*
*40g chopped green pepper (1 small pepper)*
*24g clear gelatin*
*green leaf salad (lettuce, rucula and others, for garnishing)*

*Utensils required:*
*colander, 4 individual patty tins (approximately 10cm in diameter and 2cm in height)*

1. Wash the beans.
2. Place in a pan and add the bacon and salt. Add 3 1/2 liters of water and cook for around 1 hour and 10 minutes.
3. Drain the beans and keep 300ml of the stock (2 1/2 cups).
4. Season the beans with the finely chopped herbs, the tomato, onion, pepper and the olive oil.
5. Dissolve the gelatin following the instructions supplied with it, and then mix it in with the seasoned beans and stock.
6. Place the bean mousse in the individual tins and refrigerate for 3 hours.
7. Presentation: Line each small plate with a bed of green salad leaves. Turn out the mousse onto the center of the dish. Drizzle with olive oil and serve.

*Wine:* Delightful Sauvignon Blanc wines from South Africa are a fine accompaniment for this mousse, and go very well it, both in terms of aroma, flavor and texture.

### Fried Bean Cakes and Shrimps with Leek
ENSEADA
RIO DE JANEIRO

*350g clean dwarf beans*
*2 liters water*
*100g grated white onion (1 large onion)*
*salt to taste*
*25ml olive oil (2 1/2 tablespoons)*
*225g shrimps, clean and seasoned with salt and black pepper to taste*
*125g thinly sliced leek (2 stems)*
*2 liters of palm oil*
*100g sun-dried tomatoes (3 tablespoons)*
*100g curd cheese*

*Utensils required:*
*food processor, basin, colander*

1. Put the beans in the processor and blend for 1 minute. Transfer to a bowl and cover with 2 liters of water. Leave to soak for 24 hours.
2. Skim the surface of any loose skins and drain off the water. Put the beans in the processor once again and blend until smooth.
3. Put the bean paste in a bowl, add the onion and the salt. Beat with a wooden spoon until it is possible to shape the paste using a spoon.
4. Heat the olive oil and brown the shrimps. Add the leek and sauté for 5 minutes. Using 2 spoons, form 8 cakes out of the bean paste and fry them in the hot olive oil until golden.
5. Presentation: Using a knife, open the still-hot bean cakes and fill them with sun-dried tomatoes, the shrimp, leek and curd cheese.

*Wine:* To confront the intense aromas and rinse the palate, nothing could be better than an Andalusian Manzanilla.

### Country Yearning
PAX
RIO DE JANEIRO

*1/2 kg butter beans*
*3 liters water*
*150g skinless red pepper (1 1/2 large red peppers)*
*150g skinless yellow pepper (1 1/2 large yellow peppers)*
*30g chopped leek (1/4 stem)*
*40g chopped celery (1 stick of celery)*
*30g crushed garlic (6 cloves)*
*100g chopped onion (1 large onion)*
*30ml extra virgin olive oil (3 tablespoons)*

*20g chopped parsley (2 tablespoons)*
*5g black pepper (1 teaspoon)*
*150g skinned, seedless, chopped, ripe tomatoes (1 1/2 large tomatoes)*
*10g salt (1 tablespoons)*

*Presentation:*
*100g cream (4 heaped tablespoons)*
*50g red pepper (1/2 large red pepper)*
*50g yellow pepper (1/2 large pepper)*
*5g black pepper (1/4 teaspoon)*
*3g salt (1 level teaspoon)*
*5ml extra virgin olive oil (1 tablespoon)*

*Utensil required:*
*blender*

1. Soak the beans for 4 hours in 3 liters of water.
2. Add all the ingredients to the beans and cook over high heat. Cook for around 2 hours, don't let the water dry up. If necessary, add more water until the cooking is complete. Let it cool.
3. Blend in the blender until it forms a cream and put it on the stove once again to boil.
4. Presentation: Put a portion of bean cream in a deep dish. Add a tablespoon of cream on top and sprinkle a mixture of the pepper chopped into small cubes and duly seasoned with pepper, salt and olive oil.

*Wine:* A medium bodies Spanish red, with good combination of wood and fruit in the taste. Gustatory balance to slightly counter the toughness of the tannins and acidity, as is the norm with the "crianza" de Navarra wines

### Bean Salad
GIUSEPPE
RIO DE JANEIRO

*50g white beans (cooking time: 2 hours)*
*50g azuki beans (cooking time: 2 hours and 30 minutes)*
*50g dwarf beans (cooking time: 1 hour)*
*50g dried peas (cooking time: 1 hour)*
*200g chopped runner beans*
*200g skinned tomatoes cut into cubes (2 large tomatoes)*

*Vinaigrette:*
*3g salt (1 coffee spoon)*
*3g mustard (1 coffee spoon)*
*3g sugar (1 coffee spoon)*
*20ml vinegar (2 tablespoons)*
*45ml olive oil (4 1/2 tablespoons)*

1. Cook each kind of bean separately in 1 1/2 liters of water without letting them break up.
2. Mix all the ingredients for the vinaigrette until well blended.
3. Mix all the beans and season with the vinaigrette.

*Wine:* To dampen the acid tendency and mitigate the succulence of this salad, we would opt for the creaminess and warmth of a good Chardonnay do Somontano, Spain.

### Village Salad
FOGO CAIPIRA
CAMPO GRANDE

*250g cowpeas*
*1 bay leaf*
*salt to taste*
*1 liter water*
*100g bean sprouts*
*100g seedless, chopped tomatoes (1 large tomatoes)*
*50 g chopped onion (1 medium onion)*
*50g red pepper, diced (1/2 large pepper)*
*15g spring onions chopped – the white part (1 1/2 tablespoons)*
*15g chopped parsley (1 1/2 tablespoon)*
*12 pickled quail eggs*
*90ml olive oil (9 tablespoons)*
*black pepper, to taste*
*1 parsley sprig for garnishing*

*Utensil required:*
*colander*

1. Place the beans, bay leaf, salt and water in a pan. Cook over a medium heat until the beans are soft – around 50 minutes. Remove the bay leaf and drain. Let cool and set aside.
2. Scald the bean sprouts. Drain and set aside.
3. Put the other ingredients in a salad bowl, except for the sprig of parsley. Stir gently.
4. Presentation: Transfer the salad to individual plates and garnish with the parsley. Serve chilled.

*Wine:* An aromatic Alvarinho do Minho, with good alcohol presence.

### Azuki Beans Spring Rolls
BANANA DA TERRA
PARATI

*20ml olive oil (2 tablespoons)*
*100g finely sliced onion (1 large onion)*
*200g chicken breast, cut into small cubes*
*100g finely sliced green runner beans*
*50g finely sliced carrot (1 medium-sized carrot)*
*80g cooked azuki beans (cooked in 1 liter of water for 1 hour)*
*salt and pepper to taste*
*10g cornstarch (1 tablespoon)*
*10g wheat flour (1 tablespoon)*
*40ml water (4 tablespoons)*
*pastry dough for spring rolls (8 sheets)*
*50ml soy sauce (5 tablespoons)*
*soya oil for frying*

Filling:
1. Sauté the onion in the olive oil. Add the chicken, stir until it changes color and add the soy sauce.
2. Add the carrot, runner bean, *azuki* beans, without the liquid. Stir for 2 minutes.
3. Taste and season with salt and pepper as liked.
4. Remove from the heat and leave to cool.

Spring roll:
1. Mix together cornstarch, flour and water to form a sticky paste.
2. Divide the filling between the sheets of pastry.
3. Paste the edges of the pastry sheets with the cornstarch paste and fold to form spring rolls. Deep fry until golden.
4. Serve with sweet and sour sauces.

*Wine:* A medium-bodied Tokay-Pinot-Gris from the Alsace, with a good alcoholic content to compensate the deep-frying and the sweet and sour flavors.

### Tartar of Grains with Prawns
BISTRÔ D'ACAMPORA
FLORIANÓPOLIS

*70g azuki beans*
*800ml filtered water (4 glasses)*
*salt and freshly milled pepper, to taste*
*70g wild rice (1 level cup)*
*200g pre-cooked prawns (shelled)*
*150g concassé tomatoes (1 1/2 large tomatoes)*
*1/4 cup torn basil leaves*
*150ml extravirgin olive oil (15 tablespoons)*
*juice of 1/2 lime, strained (1 level tablespoon)*
*endive leaves for garnishing*

*Utensils required:*
*8cm ring, plastic film*

1. Soak the beans for 4 hours, drain and transfer to saucepan. Add 800ml of water, season with salt and pepper and simmer until the beans *al dente*. Drain and set aside.
2. Season the wild rice with salt and pepper and cook for about 30 minutes *al dente*. Set aside.
3. Cut the prawns into 1 1/2 cm pieces. Add salt and pepper. Set aside.
4. Mix together the rice, beans, *concassé* tomatoes, prawns, basil and lemon juice. Add salt and pepper, if necessary, cover with plastic film and refrigerate for 15 minutes.
5. To serve: Place the 8 cm ring on the serving dish and fill with the tartar, setting aside one prawn for the garnish. Remove the ring and drizzle with olive oil. Decorate with the endive leaves.

161

*Wine*: A smooth Australian Chardonnay, which has just a discrete suggestion of oak, will elegantly compliment the freshness of this *tartar*.

### Black & White Salad
CASA DA SUÍÇA
RIO DE JANEIRO

*150g white beans*
*150g black beans*
*2 liters salted water*
*10ml olive oil (10 tablespoons)*
*50g eggplant sliced julienne, with skin (4 tablespoons)*
*50g cooking apple sliced julienne (3 tablespoons)*
*juice of 1/2 lime, strained (1 level tablespoon)*
*100g finely chopped onion (1 large onion)*
*15g basil leaves cut finely*
*150g goat cheese sliced julienne*
*100g parma ham sliced julienne*
*Basil leaves for garnishing*

*Sauce:*
*50ml sherry vinegar (5 tablespoons)*
*5g Colmans mustard powder*
*60ml extra virgin olive oil (6 tablespoons)*
*A few drops of Tabasco*
*Salt and freshly ground black pepper to taste*
*5g sugar (1 teaspoon)*

*Utensil required:*
*blender*

1. Soak the white and black beans separately for at least 2 hours. Cook them separately in water and salt.
2. Wash them in cold water when they have been cooked.
3. Heat 1 tablespoon of olive oil in a frying pan and add the eggplant sliced julienne. Sauté for around 2 minutes and set aside.
4. Add the apple, sliced julienne. Drizzle with the limejuice.
5. Preparing the sauce: blend the vinegar with the mustard powder in the blender. Add the other seasoning. Slowly add the olive oil.
6. Mix the onions and the basil leaves in a bowl. Add the goat cheese.
7. Carefully add the beans and the eggplant and apple mixture to the sauce.
8. Presentation: Arrange in the center of a plate, placing the parma ham around the salad. Garnish with whole basil leaves.

*Wine*: Instigating, rich in flavor and aroma, this salad asks for a Chardonnay with good body, reinforced by the floral touch of a Viognier, such as those produced in Uruguay.

### Haricot Cassoulet
LA CASSEROLE
SÃO PAULO

*50g dwarf beans*
*50g black beans*
*50g canary beans*
*50g lima beans*
*50g red beans*
*5 liters water*
*75g butter (3 tablespoons)*
*100g carrot cut in cubes (1 large carrot)*
*100g onion cut into small cubes (2 medium onions)*
*1 liter chicken stock*
*10g chopped garlic (2 cloves)*
*1 1/2g chopped thyme (1/2 coffee spoon)*
*1 1/2g chopped rosemary (1/2 coffee spoon)*
*5g chopped parsley (1/2 tablespoon)*
*salt and black pepper to taste*

*Utensils required:*
*4 rings of 5cm diameter and 3cm height*

1. Leave the different types of beans to soak separately overnight in one liter of water.
2. Put 50g of butter (2 tablespoons) in a large pan and sauté the carrot and the onion over medium heat.
3. Drain the beans and add them, stirring well. Next, add the chicken stock, garlic, thyme and rosemary.
4. Let cook without the lid until the beans are tender. If any stock remains, pour it away.
5. Add the remaining butter, parsley, salt and black pepper. Serve with any dish prepared with loin or leg of pork.
6. Presentation: Put the beans in the ring, filling it completely. Remove the ring and spike a spring of thyme in the center.

*Wine*: A Beaujolais, average in structure and tannins with a good nose and freshness, such as a Fleurie, would combine well with this pleasant side-dish.

### Green Bean, Shrimp and Nut Salad
LUNA BISTRÔ
TIBAÚ DO SUL

*200g green beans*
*3 liters water*
*1 sprig coriander*
*salt to taste*
*320g medium shrimps*
*20ml olive oil (2 tablespoons)*
*2g of calabresa pepper (1 coffee spoon)*
*20g chopped nuts (3 tablespoons)*
*100g carrots sliced julienne (1 large carrot)*
*50g grated carrot (1 medium-sized carrot)*
*165g zucchini sliced julienne (1 medium-sized zucchini)*
*1 bay leaf*
*200ml water (1 glass)*
*100g cream cheese (10 tablespoons)*
*8 chopped parsley leaves*
*4 whole parsley leaves*
*4 large red lettuce leaves*
*4 large iceberg lettuce leaves*
*8 rucula leaves*

*Sauce:*
*20g Dijon mustard (1 tablespoon)*
*10g crushed garlic (2 cloves)*
*100ml extra virgin olive oil (10 tablespoons)*
*5ml sherry vinegar (1 tablespoon)*
*5ml dry white wine (1 tablespoon)*
*10g fresh dill or dill seeds (1 tablespoon)*

*Utensils required:*
*a small jar with lid, colander, grater, tongs*

1. Bring 3 liters of water to the boil; add the beans and then the sprig of coriander and the salt. Put the lid on straight away. When cooked (approximately 40 minutes), strain and refrigerate.
2. Grill the shrimps in 2 tablespoons of olive oil. When they are almost done, add the *calabresa* pepper, the salt and the nuts and stir well before adding to the green beans. Refrigerate once again.
3. Add the julienne-sliced carrot and zucchini, and cook with the bay leaf until they are *al dente*. Drain and set aside.
4. Grate the remaining carrot using a fine grater. Put to one side.
5. Preparing the sauce: put all the ingredients in a jar and put the lid on. Shake well and strain. Set aside.
6. Add around 6 tablespoons of sauce to the mixture of beans, shrimps and nuts. Stir well.
7. Presentation (for 1 dish): Place three small balls of cream cheese on the border of a 30cm plate, forming a triangle. Place a thin strip each of carrot and zucchini on top, forming an "x". Sprinkle the chopped parsley on the cross formed by the strips. Shred 1 red lettuce and 1 iceberg lettuce leaf and arrange these in the center of the dish, forming a small mound. Place 2 leaves of rucula on top and drizzle with around 2 tablespoons of sauce. Gently cover with the mixture of beans and nuts. Using tongs, place 2 or 3 shrimps on top of the mixture. In the middle of each shrimp, arrange some grated carrot and spike with a sprig of parsley.

*Wine*: An expressive smooth wine, such as a Vouvray sec-tendre from the Loire.

### Green Beans with Garlic
MARCEL
FORTALEZA

*750g fresh green beans*
*2 1/2 liters water*
*1 liter chilled water*
*20ml extra virgin olive oil (2 tablespoons)*
*30g finely chopped garlic (6 cloves)*
*1 stale bread roll, grated (2 tablespoons)*
*10g chopped parsley (1 tablespoon)*
*salt and ground pepper to taste*
*25g butter (1 tablespoon)*

*Utensils required:*
*colander, non-stick frying pan*

1. Put the green beans in a large pan with 2 liters of salted water. Boil for around 10 minutes. Remove from the heat when the beans are slightly undercooked. Drain and place in the chilled water in order to keep the color. Drain once again.
2. Heat the olive oil in a non-stick frying pan and brown the garlic. Add the breadcrumbs, parsley, salt and pepper. Stir for 1 minute. Add and melt the butter, and add the beans. Stir until heated through. Then serve.

*Wine*: A white wine from Montpeyroux in the South of France, of full nose and good volume and thus suave, to balance the slightly bitter taste of the beans.

### Baked Beans
MARCEL
SÃO PAULO

*400g navy beans*
*1 1/2 liters water*
*5g salt (1 teaspoon)*
*black pepper to taste*
*30g brown sugar (3 tablespoons)*
*3g mustard powder (1/2 teaspoon)*
*100g onion (1 large onion)*
*150g sliced lean bacon*

*Utensils required:*
*colander, aluminum foil*

1. Wash the beans. Leave to soak in cold water for 8 hours. Drain.
2. Cook the beans in 1 1/2 liters of water for 1 hour. Strain and reserve the cooking liquid.
3. Put the salt, black pepper, sugar and mustard in a large jug. Stir well.
4. Add the drained beans and then the onions and add the cooking water until it covers the beans. Place the sliced bacon on top and cover with aluminum foil. Cook in the oven for 4 hours. Check the water level after one and a half hours and, if necessary, add a little more, but do not cover the beans.

5. With only 20 minutes cooking time left, remove the aluminum foil so that a crust is formed on top of the beans. Serve with black bread.

*Wine:* The sweetness of the dish combines with a Reggiano Lambrusco, which gives effervescence to the beans and bacon, tannins to enhance the succulence of the dish and correct taste and olfactory intensity.

### Octopus and White Bean Salad
MARGUTTA
RIO DE JANEIRO

*200ml dry white wine (1 glass)*
*1kg octopus*
*100g cooked white beans*
*180g ripe tomatoes (2 tomatoes: one large and one medium)*
*80g celery (1 medium stem of celery)*
*1 bunch of parsley*
*20g capers (2 tablespoons)*

*Vinaigrette:*
*Strained juice of 2 limes (4 tablespoons)*
*40ml extra virgin olive oil (4 tablespoons)*
*salt and black pepper to taste*

1. Pour the wine into a large frying pan and cook the octopus on each side for 10 minutes until it is tender.
2. To the vinaigrette: mix the limejuice with the olive oil. Add salt and pepper. Stir.
3. Add the cooked octopus to the vinaigrette and the beans. Put this mixture on a dish.
4. Cut the tomatoes and the celery into strips. Wash the parsley, leaving the leaves intact.
5. Put the tomato and the celery with the parsley and make a bed.
6. Place the cold or warm octopus on top and garnish with capers.

*Wine:* A Vernaccia di San Gimiginano, well balanced, smooth and consistent in taste.

### Dwarf Bean and Cod Salad
PORTUGALLIA
BELO HORIZONTE

*400g salted cod*
*300g cooked dwarf beans*
*50ml olive oil (5 tablespoons)*
*40ml balsamic vinegar (4 tablespoons)*
*6g salt (2 level teaspoons)*
*60g chopped spring onions (6 tablespoons)*
*50g grated carrot (1 medium carrot)*
*parsley sprigs for garnishing*

1. Place the cod skin up in a container with 2 liters of water in the fridge for 36 hours to remove the salt, changing the water at least 6 times.
2. Cook the beans for 50 minutes in 3 liters of water.
3. Boil the cod and cut it into slices.
4. Stir the cod into the dwarf beans which have been cooked *al dente*. Keep to one side.
5. Add the remaining ingredients. Add this mixture to the cod.
6. Garnish with the parsley sprigs.

*Wine:* The robustness of a Encruzado barricado do Dao counters the acidity of the balsamic vinegar, heightens the cod aroma and contrasts with the unctuousness added by the olive oil.

### Rancho Inn Fried Bean Cake
RANCHO INN
RIO DE JANEIRO

*500g dwarf beans*
*5g salt (1 teaspoon)*
*50g grated onion (1 medium onion)*
*1 liter palm oil for frying*
*50g whole onion (1 medium onion)*

*shrimp sauce:*
*150g smoked, dried shrimps (2 cups)*
*40ml palm oil (4 tablespoons)*
*100g onion cut in thin strips (1 large onion)*

*chili pepper sauce:*
*shrimp shells and heads kept from the shrimp sauce recipe*
*40ml of palm oil (4 tablespoons)*
*3 chili peppers well crushed*

*Utensils required:*
*blender, colander, whisk, kitchen towel*

Shrimp sauce:
1. Shell the shrimps. Keep the heads and shells.
2. Sauté in the palm oil with the onion.

Chili sauce:
1. Remove the eyes and barbs from the shrimps.
2. Toast the heads and shells.
3. Blend in the blender and keep to one side
4. Sauté the shrimp powder obtained from being blended in the blender and the chopped chili in the palm oil.

1. Blend the beans in the blender. Wash in running water. Cover with water and soak for 12 hours.
2. Drain. Remove the shells. Add the salt and blend once again in the blender until a paste is obtained.
3. Add the grated onion to the bean paste, kneading forcedly with your hand for about 40 minutes.
4. Put the liter of palm oil in the frying pan along with the whole onion. Cook over high heat. When the onion starts to smoke, fry the beans cakes using a skim spoon until they are browned.
5. Drain in kitchen towel and stuff with the shrimp sauce and chili sauce. You could stuff them with vatapá (a shrimp dish cooked with palm oil, skinned tomato and coconut milk) and/or green salad with chopped tomato and onion.

*Wine:* The striking flavors of this typical dish of many components are harmoniously contrasted by the pungency of a Fino de Montilla-Moriles.

### Tutu de Feijão
XAPURI
BELO HORIZONTE

*750g black beans*
*5 liters water*
*2 bay leaves*
*30g onion (1 small onion)*
*70g bacon*
*150g sausage*
*salt to taste*
*120g manioc flour (1 full cup)*

*Utensil required:*
*blender*

1. Soak the beans in water for 4 hours. Drain and cook for 1 hour 40 minutes in 5 liters of water.
2. Cut the onions and bacon into small cubes and slice the sausage.
3. Put the bacon and the sausage in a pan to brown, without any fat.
4. When the bacon and the sausage have browned well, add the onions and brown a little more.
5. Blend the beans in the blender and add them to the pan.
6. Add salt to taste and boil.
7. Add the manioc flour and boil a little longer stiring well.

*Wine:* An unpretentious Morellino di Scansani, with hints of evolution present in the aroma, a touch of toughness in the mouth and a lingering aftertaste.

### Bean Sprout Tempura with Oriental Guacamole
SUSHI LEBLON
RIO DE JANEIRO

*Tempura:*
*1 kg bean sprouts*
*300ml mirin saque (rice wine) (1 1/2 glasses)*
*210g plain flour (2 cups)*
*10g powdered yeast (2 heaped teaspoons)*
*400ml water (2 heaped cups)*
*1 yolk*
*5g salt (1 teaspoon)*
*1 liter oil for frying*

*Guacamole:*
*2 medium avocados*
*50ml soy sauce (5 tablespoons)*
*3g chopped red onion (1 coffee spoon)*
*3g ginger in paste (1 coffee spoon)*
*3g dedo-de-moça pepper (1 coffee spoon)*
*juice of 2 Sicilian limes strained (4 tablespoons)*

*Sauce:*
*200ml balsamic vinegar (1 glass)*
*100ml teriyaki sauce*

*Utensil required:*
*colander*

Sauce:
1. Reduce the balsamic vinegar over high heat for 15 minutes and mix with the *teriyaki* sauce.

Guacamole:
1. Roughly crush the avocado. Then add it to the other ingredients

Tempura:
1. Mix the flour, yeast, water, yolk and salt until an even, smooth dough is obtained. Set aside.
2. Cook the moyashi in boiling water for one minute. Drain off the water and put it in a chilled mirin.
3. Split the moyashi into 8 portions, squeezing hard to drain the liquid. Make 8 "nests" and put to one side. Roll the nests in the tempura paste and fry until the pastry is golden.
4. Presentation: Put the already fried tempura in the center of the dish and garnish with the guacamole. Pour the sauce on top.

*Wine:* An intense Champagne sec, with its persuasive acidity to confront the guacamole and the tempura and its 17 to 35 grams of sugar to counter the balsamic vinegar and limes.

### Cold Bean Soup
VINHERIA PERCUSSI
SÃO PAULO

*250g white beans*
*2 1/2 liters water*
*2kg large tomato*
*salt and black pepper to taste*
*10ml wine vinegar (1 tablespoon)*
*200ml olive oil (20 tablespoons)*
*15g garlic (3 cloves)*
*15g chopped echalotes (3 echalotes)*

163

Sliced chives
ice cubes
60g caviar

Utensils required:
colander, blender, soup bowl

1. Cook the beans in 1 1/2 liters of water for 2 hours. Drain and keep the cooking liquid.
2. Peel the tomatoes and remove the seeds.
3. Blend the tomatoes and beans in the blender. Season with salt and pepper.
4. Add the vinegar and the olive oil to the puree obtained from the tomato and bean mixture. Add the garlic, chopped *echalotes* and the chives slices. If the puree remains thick, add the cooking liquid from the beans.
5. Allow to cool for 2 hours. Put the soup bowl in *bain marie* in the ice cubes. Serve chilled. Add a generous spoon of caviar on top of the cream.

*Wine:* The olfactory richness and intensity, the alcoholic warmth and touch of freshness of the great Trebbiano d'Abruzzo, made in the Bombino Bianco cast, all make a marvelous contrast to this soup, so full of charisma.

## *Pasta & Grains*

### Peasant's Gnocchi to Pavarotti
EMPÓRIO RAVIÓLI
SÃO PAULO

Sauce:
400g fresh lima beans
3 bay leaves
salt to taste
1 liter water
12 whole pepper grains (to cook with the beans)
120g onion cut into small cubes (2 1/2 medium onions)
200g fresh, skinless spicy, smoked sausage (Portuguese calabresa)
80g salt-free butter (3 tablespoons)
160ml extra virgin olive oil (16 tablespoons)
6 sage leaves
520g skinned, seedless, ripe tomatoes (6 1/2 medium-sized tomatoes)
black pepper, to taste

Gnocchi:
240g stale bread
200ml full cream milk (1 glass)
160ml cream (1 glass)
1 pinch of salt
280g wheat flour (3 cups)
80g excellent quality Parmesan cheese (8 tablespoons)

40g melted salt-free butter
Nutmeg to taste
yolk of 1 small egg
15g chopped parsley (1 1/2 tablespoons)
120g parmigiano reggiano cheese (12 tablespoons)

Utensils required:
food processor, colander

Sauce:
1. Cook the beans with the bay leaf, salt and pepper grains in 1 liter of water. Drain after 40 minutes and keep to one side.
2. Sauté the onion and the sausage in the butter and add salt to taste. Set aside.
3. Sauté the beans in the olive oil with the sage and allow the flavors to blend. Add the tomato, onion and the sausage, leaving for a few minutes. Keep to one side.
4. Season with sauce and pepper.

Gnocchi:
1. Soak the bread in the milk and cream. Add the pinch of salt. When it has softened, mince the bread.
2. Add the flour, Parmesan cheese, butter and nutmeg to the bread. Mix well, add salt to taste and form gnocchi (smaller, rather than large).
3. Cook the gnocchi in 5 liters of boiling water until they come to the top of the pan.
4. Add to the sauce, garnish with parsley and the sprinkle the Parmesan cheese.

*Wine:* To these country flavors are best associated with the nerve and character of a Rufina Chianti.

### Torn Pasta with Beans a la Romana
ARLECCHINO
RIO DE JANEIRO

Vegetable stock:
2 liters water, salted to taste
50g chopped onion (1 medium-sized onion)
100g carrot, peeled and diced (2 medium-sized carrots)
2 sticks of celery, diced
160g whole ripe tomatoes peeled (2 medium-sized tomatoes)
200g potatoes, peeled and diced (2 medium-sized potatoes)

Sauce:
100ml extravirgin olive oil (10 tablespoons)
50g pork fat, finely ground
50g chopped onion (1 medium-sized onion)
100g tomato extract (8 tablespoons)
200g pinto beans
salt and pepper to taste

Pasta:
400g durum wheat flour (4 cups)
2 whole eggs
6 egg yolks
5g salt (1 teaspoon)

Utensils required:
food processor, pasta roller, liquidizer

*Note:* Ready-made pappardelle pasta can be used, cut roughly into pieces.

1. Put the flour, eggs, yolks and salt together in a large bowl and mix to form a smooth dough. Cover with a damp cloth and leave to rest for 1 hour.
2. Use the pasta press to roll out dough into rectangular sheets. Cut the sheets into rough pieces like short, uneven strips of *pappardelle* pasta.
3. Fill a large saucepan with 2 liters of water, the onion, carrot, celery, potato and tomato, bring to the boil and leave to simmer to make the vegetable stock. Remove and reserve the potatoes, strain the stock and put to one side.
4. Cook the pinto beans in 2 liters of water for 2 hours. When the beans are nearly cooked, remove 1/3 and beat until smooth in a liquidizer.
5. In a large saucepan, add the olive oil, pork fat and fry over a low heat with the chopped onion. When the onions are soft and transparent, add the tomato extract. Bring to the boil and add the vegetable stock and the cooked beans.
6. Add the potatoes that had been set aside and the liquidized beans. Taste and add more salt, if necessary and bring to the boil again.
7. When the broth boils, add the pasta pieces and let them cook for about 4 minutes. Serve piping hot, with freshly-grated parmesan if liked.

*Wine:* Harmonious by tradition, and appreciated by wine connoisseurs: a Sangiovese di Romagna, from the Forlì region.

### Cannellini Beans with Sage and Bacon
RISTORANTE BOLOGNA –
FAMIGLIA CALICETI
CURITIBA

500g white cannellini beans
2 liters of water
150g white-stemmed celery, chopped (4 stem)
2 sage leaves, chopped
125g smoked bacon (with fat)
10ml oil (1 tablespoon)
50g chopped onion (1 medium-sized onion)
1 small sprig of rosemary
5g chopped garlic (1 clove)
salt and white pepper, to taste

180g ripe tomatoes, skinned and diced (2 tomatoes: 1 medium-sized and 1 large)
50ml dry red wine (5 tablespoons)

1. Leave the beans to soak in cold water for 4 hours, drain. Cook them in 2 liters of water with the celery and sage for 2 and a half hours.
2. Boil the bacon in a small saucepan for 10 minutes. Drain off the water and dice, separating the lean meat from the fat. Set the lean meat aside. Finely chop the bacon fat and fry in a pan with the oil, onion, sage, rosemary and garlic. Leave to cook for 4 to 5 minutes.
3. Mix the cooked and drained beans with the sauce made from the bacon fat.
4. Add the salt, pepper, tomatoes, diced bacon and wine.
5. Leave to rest for a few minutes to allow the ingredients to blend.

*Wine:* A Rosso Piceno, from the Marche region, medium-bodied and with balance leaning slightly towards the hardness of the tannins and acidity, will complete the fine portrait of Central Italy.

### Green Bean Lasagna
CHEZ GEORGES
OLINDA

Pasta:
10ml olive oil (1 tablespoon)
1/2 bunch of parsley
2 eggs
250g plain flour (2 1/2 cups)

Filling:
350g cooked green beans
200g shredded dried meat with onions
300g fresh curd cheese in cubes
50g chopped fried garlic (10 cloves)
300ml béchamel sauce (white sauce) (2 1/2 glasses)
50ml cream (5 tablespoons)
salt and black pepper to taste
butter to grease the patty tins
50g grated Parmesan cheese (5 tablespoons)

Utensils required:
blender, roller (for the pasta), colander, 4 heatproof patty tins 19x10cm

Pasta:
1. Put the olive oil, parsley and eggs in the blender.
2. Pour the blender's contents into a bowl and stir into the flour. Work the pasta for 10 minutes and allow to rest for 1 hour.
3. Divide the pasta into 3 portions and put them through the pasta roller one by one.
4. Cook the pasta *al dente* in a pan of boiling water.

5. Remove the pasta from the pan and wash in cold water. Drain and lay on a dry cloth.

Filling:
1. In a different pan, mix in the cooked green beans, the shredded dried meat with onions, the curd cheese, the fried garlic and the still-hot béchamel sauce. Finally, add the cream, salt and black pepper.
2. To make the lasagna, lightly grease the 4 heatproof patty tins with butter. Put half of the filling in the tins, spreading it around evenly. Cover the pasta and repeat once more. Finally, spread a little béchamel sauce and sprinkle with the grated Parmesan cheese. Cook in the oven for 15 minutes. Then serve.

*Wine:* A great Cabernet Sauvignon from the Gaúcha Highlands, medium-bodied, proper acidity and blessed with herby traces, is a perfect companion for this Northeastern style lasagna.

## Spaghetti with Bean Cream
GOSTO COM GOSTO
VISCONDE DE MAUÁ

*Bean cream:*
500g red kidney beans
2 liters meat stock
200g chopped bacon
100g finely chopped onion (1 large onion)
30g chopped garlic (6 cloves)
5g finely chopped dedo-de-moça *pepper*
400 spaghetti
120g grated Parmesan cheese
(12 tablespoons)
salt to taste

*Meat stock:*
1kg chuck steak
4 liters water
50g carrot (1 medium carrot)
50 celery
100g onion (1 large onion)
salt and black pepper to taste

*Utensils required:*
colander, blender, pasta strainer

Meat stock:
1. Put all the ingredients in a pan and boil for around 1 hour.
2. Strain the stock and reduce to 2 liters.

Bean cream:
1. Cook the beans in the meat stock until they are *al dente*. Add water to the stock if necessary. Set aside 200g of the beans.
2. Blend the remaining beans in the blender, including the stock.
3. Put the bacon in a different pan and melt it. Fry the onion and the garlic in the bacon fat. Add the beans that were set aside and the pepper. Fry a little more to blend the flavors. Add the blended beans and simmer over a low heat until it becomes a cream. Add salt to taste.
4. When the bean cream is almost ready, cook the spaghetti until it is *al dente*. Drain.
5. Presentation: Put the spaghetti in the center of the dish, forming a nest. Pour the bean cream on top, carefully arranging the beans. Sprinkle the grated Parmesan on top and make patterns using the pieces of *dedo-de-moça* pepper on the dish.

*Wine:* The sweetness of the bean cream and the pasta goes well with the acidity of a young Crozes-Hermitage, which also complements the dish in terms of body, olfactory intensity and aftertaste.

## Bean Risotto with Parma Ham and Porcini
ENOTRIA
RIO DE JANEIRO

35g red beans
30g white beans
35g green fava beans
80g Parma ham
100g funghi porcini
10g onion (1 tablespoon)
25g butter (1 level tablespoon)
500g unwashed Arborio rice (1 cup)
2 liters of chicken stock
20ml of red wine (2 tablespoons)
80g Parmesan cheese (8 tablespoons)
5g chopped parsley (1/2 tablespoon)

1. Cook the 3 types of beans, for the following times: red (2 hours), white (2 hours) and green fava beans (1 hour and 40 minutes). Keep to one side.
2. Slice the ham, rehydrate the *funghi porcini* in 1/2 liter of water. Drain and set aside the *funghi* water separate from the *funghi*.
3. Brown the onion in the butter and add the rice. Stir in 1 glass of chicken stock with the water used to rehydrate the funghi and add to the rice. Add the wine and stir. As the liquid reduces, add more stock, stirring until the rice is *al dente*.
4. Add the beans, the ham and the funghi and stir for around 5 minutes. Add the Parmesan cheese and the parsley. Stir for a further 2 minutes and serve.

*Wine:* The austerity of a piemontes, for example a Barbaresco, engenders the perfect contrast for the succulence, the rich body and finally the unctuousness of this recipe.

## Bean Scramble
LA CACERIA
GRAMADO

600g black beans
1 bay leaf
100g chopped onion (1 large onion)
150g chopped bacon
25g salt (5 teaspoons)
3g chopped marjoram (1 tablespoon)
black pepper and pimenta-malagueta to taste
50g plain flour (1/2 cup)

1. Cook the beans with the bay leaf for 1 hour 20 minutes in 4 liters of water.
2. Separate two cups of the cooked beans, mash and return to the pan with the remaining beans. Stir everything and cook over low heat.
3. Fry the onion and bacon in a frying pan. As soon as the bacon is crisp, add it to the beans and then add the other ingredients, leaving the flour till last.
4. Cook on low heat for a further 10 minutes. Serve immediately.

*Wine:* Good acidity and firm in tannins, a perfumed Freisa do Piemonte is ideal for cleaning the palate.

## White Bean Ravioli and Crayfish
SPLENDIDO RISTORANTE
BELO HORIZONTE

*Pasta dough:*
400g flour (4 cups)
4 large eggs
10ml extra virgin olive oil (1 tablespoon)

*Filling:*
500g tinned white beans
1/2 an egg (beat the yolk and white with a fork and divide it in two)
50ml extra virgin olive oil (5 tablespoons)
25ml of balsamic vinegar
(2 1/2 tablespoons)
60g grated Parmesan cheese
(6 heaped tablespoons)
10g of chopped parsley (1 tablespoon)

*Sauce:*
15g finely chopped garlic (3 cloves)
1 chopped sweet green pepper
100ml extra virgin olive oil (5 tablespoons)
1/2 kg tomatoes (5 large tomatoes)
2 1/2 kg of cooked, shelled crayfish
50g basil leaves
20g lime peel sliced julienne (1 teaspoon)
salt and pepper to taste

*Utensils required:*
plastic film, food processor, strainer

1. Put the flour in the middle of a table (wooden or marble) and make a hole in the center of the flour. Insert the eggs and the olive oil using a fork. Gradually stir in the flour. As the hole grows, take flour from the base of the pile so as to keep the shape.
2. The dough will start to acquire consistency when half the flour has been mixed in.
3. Knead well with the palms of the hands. When the dough is smooth, remove it and clean the table well. Throw some flour over the dough and keep kneading for a further 5 minutes. The dough should be elastic and sticky.
4. Wrap the dough in plastic film and let it rest for 30 minutes at room temperature. Divide the dough into four equal portions and stretch each one out, as thinly as possible.
5. Whilst the dough is resting, prepare the filling. Separate 1 cup of beans and blend them in the food processor along with the balsamic vinegar, the Parmesan cheese and the parsley until a soft consistency is achieved. Stir the blended content with the remaining beans in a basin.
6. Cut each strip of dough into eight 9cm squares. Put 1 1/2 tablespoons of filling in the middle of each square and close diagonally to form a triangle. Press the edges firmly to close well. This should yield around 32 ravioli.
7. Preparing the sauce: brown the garlic and the pepper in olive in a frying pan for about 2 minutes. Remove the stems from the tomatoes, cut them into 2cm cubes and add them to the garlic and the pepper. Cook for approximately 10 minutes until the sauce begins to thicken. Add the crayfish, the basil and the lime peel to the sauce and season with salt and pepper.
8. Cook the ravioli in plenty of boiling salty water until they float to the surface (around 3 minutes). Strain the ravioli. Add the sauce and serve.

*Wine:* In the province of Avellino in Campania is a wine which has an irrepressibly Mediterranean soul: the Greco di tufo. Soft on glycerin for the acid elements of the dish and hot in alcohol volume to dry the succulence/unctuousness duo.

## Black Bean Ravioli
O NAVEGADOR
RIO DE JANEIRO

*Pasta:*
600g plain flour (6 cups)
3 whole eggs
20g salt (4 teaspoons)
1/2 finely grated lime peel and zest
(1 tablespoon of zest and 20g gratings)

165

*Filling:*
200g chopped bacon
50g onion (1 medium-sized onion)
30g garlic (6 cloves)
20g chives (2 tablespoons)
10g chopped cilantro (1 tablespoon)
500g black beans cooked with a bay leaf in 6 liters water for 3 hours

*Utensils required:*
nº 1 pasta roller, plastic for covering, colander, metal kneader

Pasta:
1. Make a dip in the plain flour and put the other ingredients in the middle of it. Stir lightly using you hand in a circular fashion so that the liquid is incorporated into the dough.
2. Knead the dough. Let it stand for 2 hours.
3. As soon as the filling is ready, put the pasta through the cylinder (thickness nº 1) and cover each layer with plastic so it doesn't dry out.

Filling:
1. Fry the bacon and drain off half the fat. Add the onion, garlic, chives, cilantro and the cooked beans drained.
2. Sauté and knead well using a metal kneader.
3. Let it cool.

*Presentation:*
1. Open the pasta and cut out 10x7cm rectangles.
2. Fill each ravioli with a tablespoon full of filling.
3. Close the ravioli pressing the edges
4. Cook in boiling, salty water.
5. Serve with tomato and cilantro sauce.

*Wine:* An Argentinean Barbera of medium caliber, with a freshness which characterizes the Piemente lineage, and without the over-the-top influence of new oak.

### Galette of Black Beans with a Okra's Vinaigrette
BOULEVARD
CURITIBA

300g black beans
15g garlic (3 cloves)
2 bay leaves
65g pork rib
30g bacon
2 eggs
50ml milk (5 tablespoons)
salt and white pepper to taste
1 pinch of nutmeg
2 egg whites, beaten stiff
50g flour
100g butter (4 tablespoons)
5g rosemary (1 teaspoon)
400g very fresh okra
150ml good quality red vinegar (1 1/2 glasses)
10ml olive oil (1 tablespoon)
50g chopped onion (1 medium-sized onion)
100g tomatoes, skinned, seeded and chopped (1 large tomato)
75g cold salt-free butter (3 tablespoons)
10g chopped chives (1 bunch)
10g chopped chives (1 tablespoon)

*Utensils required:*
colander, liquidizer, sieve, ladle

1. Cook the beans for 3 hours in 3 liters of water with 1 clove of garlic, the bayleaves, pork rib and bacon, until well cooked. Drain off the water, liquidize and pass through a sieve while still hot.
2. Add the eggs, milk, salt white pepper, nutmeg, beaten egg-whites and sieved flour and mix well until the mixture is smooth and the consistency for the *galettes*.
3. Melt the 4 tablespoons of butter over a high heat and reduce, carefully removing the froth that forms. Stir in the rosemary and 1 finely chopped clove of garlic to flavor.
4. Ladle the mixture into the frying pan with the savory butter, browning on both sides. The mixture should make 4 *galettes*.
5. Separately, prepare the okra and slice into small rounds. Then blanche the okra in boiling water with salt and a little vinegar. Rinse under running water and drain. In a frying pan over a high heat, toss the okra with the olive oil and chopped onion. Add the tomatoes and the rest of the garlic.
6. To serve: Just before serving, mix the red vinegar and the okra, season if necessary and stir into the butter. Arrange three *galettes* onto each deep plate and spoon on the okra vinaigrette so as not to hide the *galettes*. Sprinkle with the chives and chives and serve hot.

*Wine*: A multi-purpose wine: a Recioto della Valpolicella. Smoothness achieved by the alcohol-glycerin-sugar residues to balance the vinegar and soak up the oiliness; the delicate flavor of the *corvina* and the acidity of the *molinara* dialoging with the *galettes* and, finally, the intensity and the persistence of the flavors and aromas of the wine, in full concord with those of the dish.

### Bush Treat
MOANA
FORTALEZA

270g cooked green beans
2 liters water
10ml oil (1 tablespoon)
120g bacon in cubes
120g smoked, spicy sausage (Portuguese calabresa) in cubes
100ml bottled butter (10 tablespoons)
80g garlic puree (8 tablespoons)
80g onion puree (8 tablespoons)
10g chopped cilantro (1tablespoon)
10g thyme (1 tablespoon)
soft, inner part of 4 small French bread rolls
120g fresh curd cheese in cubes
80g fresh curd cheese grated thickly
120g fresh pearl tapioca (1 full cup)
60ml coconut milk (6 tablespoons)
10g of chopped parsley (1 tablespoon)
1 bunch of wrinkly parsley

*Utensils required:*
steel ring approximately 12cm, grater, sieve, non-stick frying pan, 4 dishes 27cm in diameter

1. Cook the green beans in 3 liters of water for 1 hour 20 minutes.
2. In a different pan, heat the oil over high heat and fry the bacon and sausage. Add 20 ml of bottled butter, the garlic and onion puree, the cilantro and thyme. Then, put in a bit of bean stock, the bread (without crust), and the cubed curd cheese. Stir until a good consistency is achieved.
3. Put this dough in a steel ring and pressing gently, form a tortilla. Cover with the grated curd cheese and put in the oven to glaze.
4. Put 30g of previously sieved, fresh tapioca in a hot non-stick frying pan. After a few minutes, turn and remove from heat. Repeat this process a further 3 times to get 4 tapiocas.
5. Presentation: Put one of the 4 tapiocas on each of the 27cm dishes. Then, moisten each of them with the coconut milk and the remaining bottled butter. Add a glazed green bean tortilla to the center of each dish. Place the sprig parsley in the center in order to garnish and sprinkle the chopped parsley around the edges of the dish, not letting any of it land on the tapioca.

*Wine:* A red with proper acidity, with a strong presence in the mouth, but medium-bodied. For example a Pinot Noir from New Zealand, a younger and less complex wine.

### Country Beans
PAPAGUTH
VITÓRIA

Beans:
150g smoked spicy (Portuguese calabresa) sausage
30ml olive oil (3 tablespoons)
100g red onion cut into slices (1 large onion)
salt to taste
10g garlic (2 cloves)
1 bunch of kale
500g pinto beans cooked in 2 liters of water for 1 hour 40 minutes
salt and black pepper to taste
50g manioc flour (1/2 cup)
20g chopped chives (2 tablespoons)

Rice:
200g rice (2 cups)
40ml olive oil (4 tablespoons)
10g chopped garlic (2 cloves)
5g salt (1 teaspoon)
100g sweet potato ( 2 large potatoes)
400ml hot water (4 glasses)
1 bunch of parsley
1 *dedo-de-moça* pepper

1. Thinly slice the sausage. Fry in the olive oil: the sausage, the onion and the garlic. Then sauté the chopped kale in this mixture.
2. Gradually add the cooked beans and black pepper, over low heat.
3. Add the manioc flour in small portions, whilst continually stirring with a fork until a moist consistency is achieved. Check the salt. Add more if you feel it necessary.
4. Sauté the rice in the olive oil and garlic until it browns in a different pan.
5. Cut the sweet potato into cubes. Put the salt and chopped sweet potato into the pan with the rice. Add the very hot water until it completely cooks the rice.
6. Presentation: Upon serving, stir the chives into the beans. Arrange the dish, putting the beans one side and the rice on the other. Garnish with a parsley twig and *dedo-de-moça* pepper slices.

*Wine:* The delicious acidity of a red Bairrada, in addition to its natural dose of rusticity, makes this wine the ideal partner for the dish.

### Ball Night Pancakes
QUADRIFOGLIO
RIO DE JANEIRO

70g white beans
1 whole egg
20g grated Parmesan cheese (2 heaped tablespoons)
100g peeled carrot chopped into 1/2 cm cubes (1 large carrot)
50g celery, trimmed (the best of its inner part) cut into 1/2 cm cubes
chopped mint (3 tablespoons)
a pinch of nutmeg
salt to taste
a pinch of pepper
150g butter (6 tablespoons)
40g plain flour (4 tablespoons)
600g fillet mignon (4 steaks – 2cm high and

166

circumference less than 8cm)
juice from 4 oranges
1 tablespoon of mild curry powder
1 bunch of fresh parsley

*Utensils required:*
colander, food processor, 8cm circumference by 1.5cm thickness rings, greaseproof paper, whisk

1. Cook the beans, which have been soaking for 12 hours, in water and salt until they are very soft. Drain and allow to cool. Blend in the food processor until it becomes a granulated paste. Do not break down the beans too much.
2. Put the bean paste in a bowl and add the egg, Parmesan cheese, carrot, celery, mint and the nutmeg. Add salt and a pinch of black pepper. Stir well until a dough is formed. Makes the pancakes in the rings of 8cm circumference and 2,5cm thickness Moisten your hands to help shape them.
3. Place the pancakes on the greaseproof paper and put them in the oven for 20 to 30 minutes (medium temperature) until they dry and are firm. Keep to one side in a heated place.
4. Put 3 tablespoons of butter in a large frying pan. Allow it to brown and add the steaks, which have now been rolled in plain flour. Brown both sides. Remove the steaks from the frying pan and keep them hot whilst the sauce is prepared.
5. Preparing the sauce: add the orange juice and curry powder to the same frying pan. Stir well. Allow it to reduce and add the 2 remaining tablespoons of butter. Add salt. Beat it well and use immediately.
6. Presentation: Place a bean pancake in the center of the plate. Put the steak on the pancake and then the hot sauce. Garnish with a sprig of parsley.

*Wine:* A Californian Zinfandel, hot and tannic, but particularly most intense due to its traces of ripe fruit and spices.

## *Seafood*

### Japa Beans
EMPORIUM PAX
RIO DE JANEIRO

*500g azuki beans*
*4 liters water*
*2 spoons of sesame oil (10ml)*
*10g chopped garlic (2 cloves)*
*1 nira apple chopped into 3cm cubes*
*2 spoons of soy sauce (10ml)*
*100g tofu cheese in cubes*
*1/2 chopped parsley bunch*

*600g tuna (to divide into 4 portions)*
*5g salt (1 teaspoon)*
*2g black pepper (1 coffee spoon)*

*Utensil required:*
pressure cooker

1. Put the beans and the water in a pressure cooker. When the desired pressure has been reached, let cook for 30 minutes. Drain the stock and set aside.
2. Brown the garlic in sesame oil in a frying pan.
3. Add the nira, soy sauce, the beans, the tofu and the parsley. Set aside.
4. Season the tuna with the salt and pepper. Grill on a hot plate for 3 minutes.
5. Presentation: Put the beans in a shallow dish and place the tuna on top.

*Wine:* A Riesling Spatlese from the Rheinpfalz, preferably a halbtrocken, will bring new sensations to this seductive dish.

### Seafood with White Bean
DOM GIUSEPPE
BELÉM

*400g white beans*
*3 liters water*
*salt to taste*
*80ml extra virgin olive oil (8 tablespoons)*
*60g chopped onion (1 medium onion)*
*60g finely grated carrot (1 medium carrot)*
*60g celery (1 1/2 stem)*
*15g chopped garlic (3 cloves)*
*15g calabresa pepper chopped finely (1 tablespoon)*
*200g clean octopus*
*200g squid rings*
*120g skinned, seedless, ripe, chopped tomatoes (1 1/2 medium-sized tomatoes)*
*black pepper, to taste*
*60ml white wine vinegar (6 tablespoons)*

1. Cook the white beans in salted water until they are *al dente*, for around 1 hour and 40 minutes.
2. Over a high heat, sauté the onion, carrot and the parsley in the olive oil until the onion is transparent. Add the garlic and calabresa pepper, allowing to brown slightly. Stir in the octopus, squid and the tomato and then the cooked white beans. Add water, 10% more than the volume of the ingredients. Boil for 15 minutes (it is important not to let the beans break up). Add salt to taste.
3. Remove from heat, add the black pepper, vinegar and a dash more olive oil.
4. Serve warm in a soup dish and garnish with the celery leaves.

*Wine:* It exalts itself with the unctuousness, alcoholic warmth and finesse of a Tocai Friulano do Collio, from Friuli.

### Shrimp Ceviche with Refried Red Kidney Beans
CARÊME BISTRÔ
RIO DE JANEIRO

*Refried beans:*
*160g red kidney beans*
*40g onion (1 small onion)*
*1 clove*
*120g pork belly fat*
*60g smoked pork sausage*
*1 very small dedo-de-moça pepper*
*salt to taste*
*20g chopped onions (2 tablespoons)*

*Shrimp ceviche:*
*400g of clean medium shrimps*
*juice of 4 limes*
*salt and black pepper to taste*
*powdered chili, to taste*
*160ml extra virgin olive oil (16 tablespoons)*
*10g chopped garlic (2 cloves)*
*40g yellow pepper in cubes (1 medium-sized pepper)*
*40g red pepper in cubes (1 medium-sized pepper)*
*8g chopped cilantro (1 tablespoon)*
*8g chopped tarragon (1 tablespoon)*
*8g chopped parsley (1 tablespoon)*

*Avocado cream:*
*240g avocado pulp (1/2 medium-sized avocado)*
*limejuice from 1/2 lemon*
*15ml extra virgin olive oil (1 1/2 tablespoons)*
*Tabasco to taste*
*salt to taste*

*Tomato* Concassé:
*160g skinned, seedless, tomatoes in cubes (2 medium tomatoes)*
*5g chopped basil*
*10ml extra virgin olive oil (1 tablespoon)*
*salt to taste*

*Presentation:*
*80ml sour cream (8 tablespoons)*
*sprigs of coriander and ciboulette*
*for garnishing*

*Utensils required:*
potato masher, bowl, blender, aluminum paper, 4 wine glasses

1. Remove any impurities from the beans, wash twice and drain. Put the beans in a pan and cover them with water. Add an onion with a clove spiked in it, 20g of pork belly fat, the sausage and the pepper. Bring to the boil, then lower the heat and simmer until the beans shells are soft. Add salt and continue cooking over medium heat until the beans are very soft and the stock more consistent.
2. Remove the onion, sausage and pepper from the pan. Mash the beans with a some of the stock using the potato masher and reserve the remaining stock.
3. Heat the pork fat in a frying pan and sweat the chopped onion. Gradually add the mashed beans, stirring continuously so it does not stick to the pan. The mixture should be very pasty and not stick to the sides when stirred.
4. Cool the refried beans in a bowl with ice and refrigerate in a closed container.
5. Preparing the ceviche: shell the shrimps, wash them and put them in a steel bowl. Add the limejuice, salt, black pepper, chili, olive oil, garlic, peppers and the herbs. Stir and refrigerate in a closed container.
6. Preparing the avocado cream: blend the avocado pulp in the blender with the limejuice and the olive oil until the mixture is creamy and smooth. Add the Tabasco and the salt. Store in a closed container covered with aluminum paper so as to prevent light from entering and darkening the cream.
7. Preparing the tomatoes: mix all the ingredients together and refrigerate in a container with lid.
8. Presentation: Put the warm, refried beans, at the bottom of a serving glass. Next, alternate layers of tomato, avocado cream and sour cream. Finally, put the shrimps on top and garnish with the sprig of coriander and a *ciboulette*. Serve with *totopos* (fried *tortillas*) or *crostinis*.

*Wine:* The ceviche, so perfumed with the sweet aromas of the beans, the shrimps and the avocado, truly deserves a Sauvignon Blanc from New Zealand, equally perfumed, alive and smooth.

### Fresh Tuna and Green Bean Sautéed
KOJIMA
RECIFE

*300g green beans*
*3 liters water*
*20ml oil (2 tablespoon)*
*600g fresh tuna cut into cubes*
*250g small cherry tomatoes*
*50g small black olives (16 olives)*
*strained juice of 1 lime (2 tablespoons)*
*10g finely chopped garlic (2 cloves)*
*120 finely chopped anchovies (8 fillets)*
*salt and black ground pepper to taste*
*30g torn basil leaves (3 tablespoons)*

*Utensils required:*
colander, wok

1. Skin the green beans and cook in 3 liters of water for 1 hour and 20 minutes. Drain and wash in cold running water. Set aside.
2. Heat a wok and add the oil. Tip the wok in order to coat the sides. Sauté the tuna for 5 minutes or until it is cooked on the outside and pink inside.
3. Add the tomato, olives and cooked green beans. Add the lemon juice, garlic and anchovy fillets. Stir. Season with salt and pepper to taste. Serve with the basil leaves.

*Wine:* The Mediterranean-Oriental sensual dialogue becomes even more intense with the warmth of a great rosé from the Côte de Provence.

### White Bean and Shrimp Soup
LA VECCHIA CUCINA
SÃO PAULO

*500g white beans*
*1/2 salted pig's foot*
*2 liters of meat stock*
*8 sage leaves*
*30g garlic (6 whole cloves)*
*40ml olive oil (4 tablespoons)*
*25g chopped garlic (5 cloves)*
*1kg clean, medium-sized shrimps*
*400g skinned, seedless, chopped tomatoes*
*(4 large tomatoes)*
*salt and black pepper to taste*
*10g chives (1 tablespoon)*

*Utensils required:*
*blender*

1. Leave the white beans to soak for 12 hours. Soak the pig foot for 5 hours to remove salt, changing the water 2 or 3 times.
2. Place the beans and 1 liter of meat stock into a large pan. Add the sage, the whole garlic cloves and the pig foot. Cook the beans for around 2 1/2 hours. Separate the stock and keep the beans to one side.
3. In a different pan, put the olive oil, the chopped garlic and the shrimps and sauté for about 4 to 5 minutes. Add the tomatoes and continue cooking for a further 4 minutes.
4. Blend a little over half the beans in the blender with a small amount of the stock that you had put aside.
5. Add the remaining beans and stock to the pan containing the shrimps. Simmer for about 10 minutes, to allow the flavors to blend. Add salt and the pepper to taste. Drizzle with olive oil and sprinkle with chives.

*Wine:* A Garganega, original cast from Veneto, a delicate and slightly earthy characteristic bouquet; dry, properly acidic, delicate and balanced flavor with a medium body, will be harmonious with this dish.

### Shrimp in a Blanket and Beans
LOCANDA DELLA MIMOSA
PETRÓPOLIS

*50ml extra virgin olive oil (5 tablespoons)*
*30g of red onion (1 small onion)*
*100g lima beans or similar beans (cooked in 3 liters water for 2 1/2 hours)*
*4 fresh basil leaves*
*16 king shrimps*
*360g finely cut bacon (32 strips)*
*12 fresh bay leaves*
*50ml balsamic vinegar (5 tablespoons)*
*100ml dry white wine (1/2 glass)*
*200ml shrimp head stock (1 glass)*
*120g firm, ripe chopped skinned tomatoes (1 1/2 medium tomatoes)*
*salt and black pepper to taste*

*Shrimp stock:*
*heads of the 16 shrimps*
*70g onion diced (1 1/2 medium onions)*
*40g celery diced (1 stem)*
*45g leek diced (1/2 medium leek)*
*20ml cognac (2 tablespoons)*
*2 cloves*
*4 whole peppercorns*
*20g tomato puree*
*1 liter water*

*Utensils required:*
*strainer, skewers, non-stick frying pan*

Shrimp stock:
1. Remove the body of the shrimps, leaving just the heads. Place on a baking tray and bake in an oven at 160°C for 20 minutes.
2. Meanwhile, sauté the onion, celery and leek in a pan until they are soft.
3. Remove the shrimp heads from the oven, which will now be crisp. Add the cognac to the baking tray and let it glaze until all the alcohol has evaporated.
4. Add the shrimp heads, cloves, black pepper, stock, tomato puree and water to the pan containing the vegetables. Simmer for 30 minutes. Strain and allow to cool. Set aside.

1. Sauté the onion, beans (which have already been cooked *al dente*) and basil in 30ml of olive oil in a frying pan until the onion is cooked, but not brown. Add this to the shrimp stock. Set aside.
2. Wrap the shrimps with the bacon strips. Then, put the shrimps one by one on a skewer, placing a bay leaf between each of them.
3. Heat the non-stick pan. When it is very hot, put two shrimps on each side (without using any type of fat) and brown them on a high flame for 4 minutes. When the shrimps are ready, add the balsamic vinegar to the same hot frying pan and allow it evaporate. Next, add the wine, some of the shrimp stock and the remaining olive oil. Allow it to reduce until it has the consistency of vinaigrette.
4. Place the shrimps on a dish and cover with the remaining stock. Add the tomatoes and serve hot!

*Wine:* The ideal partner for these sublime shrimps would be a full flavored Ribolla Gialla Friulano, with its light smoothness to contrast the rich sauce and its decisive acidity to ideally combine with the *pancetta*.

### Wonderful Squid Stuffed with Black Beans and Shrimp
OFICINA DO SABOR
OLINDA

*200g black beans*
*1 liter water*
*salt and pepper to taste*
*2 large bay leaves*
*150g chopped onion (3 medium onions)*
*200ml olive oil (2 tablespoons)*
*200g butter (8 tablespoons)*
*30g garlic cut into strips (6 cloves)*
*200g small, shelled, precooked shrimps*
*20g chopped cilantro (2 tablespoons)*
*4 large squid or 8 medium squid*
*50g bacon cut into small cubes*
*60g red pepper (1 medium red pepper)*
*110g chopped celery (1 small stem)*
*210g leek in slices (2 stalks)*
*3 bunches of thyme*
*400ml dry red wine (2 glasses)*
*300g skinned tomatoes (3 large tomatoes)*

*Utensils required:*
*colander, meat mincer (electric or manual), string*

1. Cook the black beans in water and salt for 1 hours and 40 minutes with the bay leaves. When cooked, drain the beans and keep the liquid in which it was cooked.
2. Put the beans through a meat mincer until a paste is obtained. Keep to one side.
3. Sauté an onion in a pan with 1 tablespoon of olive oil, 4 tablespoons of butter and garlic. Add the precooked shrimp and sauté well. Then, gradually add the bean paste. Add a little of the bean stock until a pasty and consistent mass is formed which can be used to stuff the squid. Finally, add the cilantro and stir it well with the paste. Remove from heat and put to one side.
4. Clean the squid removing the heads from the bodies of the squid being careful not to puncture them. Next, stuff the squids closing them with string.
5. Put the rest of the olive oil and the butter in a shallow pan to sauté the bacon with the onion and garlic that were left over. Let it brown for a while then add the squid. Sauté them. Add the pepper, the celery, the leek and the thyme, whilst continually stirring.
6. Finally, add the wine and the tomato. Season with salt and pepper to taste. Cook until the squid is soft. Serve with vegetables or rice.

*Wine:* The intense herby and fruity flavors of a Californian Fumé Blanc, in addition to its good structure, go perfectly with this dish.

### Sea Cassoulet
ORIUNDI
VITÓRIA

*1 liter water*
*50ml dry white wine (5 tablespoons)*
*20g celery (1/2 stem)*
*30g onion (1 small onion)*
*150g octopus*
*150g medium shrimps*
*150g small squid rings*
*150g lobster tail in medium cubes*
*150g sea bass fillet in medium cubes*
*salt and black pepper to taste*
*juice of 1 lime*
*100ml extra virgin olive oil (10 tablespoons)*
*50g chopped onion (1 medium onion).*
*15g chopped garlic (3 cloves).*
*200ml dry white wine (1 glass)*
*200ml tomato sauce (1 glass)*
*1/2 seedless dedo-de-moça pepper in strips*
*chopped parsley*
*basil in strips*
*400g white beans precooked with the cooking liquid*

*Utensil required:*
*colander*

1. Boil the water, the wine, the celery and the chopped onion. Add the octopus and cook for around 15 minutes. Cut the cooked octopus in slices.
2. Season the seafood and the fish with the salt, pepper and lime juice.
3. Sauté the chopped onion and the garlic in the olive oil until the have softened substantially.
4. Add the seafood and the fish. Sauté.
5. Add the white wine and let it evaporate.
6. Add the tomato sauce, the *dedo-de-moça* pepper, the parsley and the basil. Let it thicken for a while. Add the drained beans.
7. Add the seasoning and, if necessary, add a little of the cooking liquid from the beans. Serve in a deep dish sprinkled with parsley and a dash of olive oil. If you so desire, serve with sliced, hot Italian bread.

*Wine:* A succulent dish crying out for the might of a white Graves.

### White Beans and Shellfish
PARADOR VALENCIA
PETRÓPOLIS

1/2 kg white beans (ideally *pochas* – large white beans)
3 liters water
200g onion cut into 8 pieces (2 large onions)
2 bay leaves
150ml good quality olive oil
150g baked red pepper, always skin and seedless, crushed into a paste (1 1/2 large peppers)
1/2kg shellfish (ideally almeijoas or lambretas)
salt to taste
50g highland ham chopped into small cubes (using only the red part of the ham)
20g roughly chopped garlic (4 cloves)
10g very hard, stale bread (preferably French bread – in a stick)
5g sweet paprika (1 heaped tablespoons)
1/2 dried dedo-de-moça pepper, skinned and stalk less.
80g chopped parsley, without the stalk (10 tablespoons)

Utensils required:
large pestle, soup bowl

1. Soak the beans for at least 12 hours in a lot of water.
2. Put the beans in fresh water in a deep pan to boil, along with the onion and the bay leaves. As soon as the water starts to boil, lower the heat as far as possible, but just enough for the water to continue boiling. Add half the olive oil and the red pepper. Put the lid on the pan and cook for around 2 hours, till the beans are very tender, but do not allow them to break up.
3. Wash the shellfish well. Refrigerate with a little water and salt to then cook on low heat until they open. Reject those which do not open. Keep to one side.
4. Place the remaining olive oil in a frying pan. Heat the olive oil and fry the highland ham quickly (without letting it go hard) and the garlic until it browns. Add the stale bread, turning it so as not to toast. Sprinkle with sweet paprika, add the pepper and stir well with a wooden spoon in order to color the bread, garlic and highland ham. Place all this in a large pestle and crush it until it is a uniform paste. If necessary, add a little of the shellfish water.
5. Put this mixture in the shellfish frying pan once again to heat a little. Empty into the beans pan. Add salt to taste and let it boil over low heat for around 10 to 15 minutes. The contents should be very thick, but the beans must not be breaking up.
6. Put in a soup bowl and sprinkle with parsley. Then serve.

*Wine:* With its vigor, taste potential and fresh and pulpy nature, the great Verdejo da Rueda is ideal for this most tasty of dishes.

### Land and Sea Feijoada with Squid Farofa
LA VIA VECCHIA
BRASÍLIA

Fish stock:
2kg fish heads
200g onion (2 large onions)
200g carrot (2 large carrots)
40g leek (1 stem)
1/2 stem of celery
10 liters water
200ml white wine (1 glass)
20ml olive oil (2 tablespoons)

Feijoada:
1 1/2 white bean
300ml olive oil (30 tablespoons)
300g butter (12 tablespoons)
100g garlic, sliced (20 cloves)
300g chopped onion (3 large onions)
15g cloves (10 cloves)
3 pieces of whole cinnamon
1/2 kg king shrimps
600g boneless, smoked chicken
1 bunch parsley
1 bunch sage
1 bunch rosemary
1 bunch basil
1 bunch thyme
1 bunch mint

Squid farofa:
1kg squid rings
salt to taste
80ml lime juice (8 tablespoons)
300g butter (12 tablespoons)
150g chopped garlic (30 cloves)
1/2 bunch chopped parsley
500g manioc flour (5 cups)

Utensils required:
1 20-litre pan, colander, 1 5-litre pan

Fish stock:
1. Cut the fish head into 4 pieces. Keep to one side.
2. Cut the onion, carrot, leek and celery roughly. Put 10 liters of water in a 20-liter pan and sauté for 1 minute.
3. Add the chopped fish heads and cook for 3 minutes over a high heat. Add the water and wine and cook until the stock has reduced to half the original quantity. Strain and set aside.

Beans:
1. Cook the beans for 1 1/2 hours in the fish stock.
2. In a 20-liter pan, put the olive oil and butter and heat them. Add the garlic and onion. Allow them to soften. Add the clove and cinnamon. Sauté well.
3. Add the shrimp and chicken. Finally, the chopped herbs. Add the beans minus the stock and sauté well. Add the beans stock and boil for 10 minutes.

Farofa:
1. Season the squid with lime juice and salt. Leave for 15 minutes.
2. In a 5 liter pan, melt the butter and then brown the garlic.
3. Add the seasoned squid rings and half the chopped parsley. Sauté for 2 minutes. Add the manioc flour. Add salt to taste and the rest of the parsley.

*Wine:* A potent and balanced Chardonnay from the Casablanca Valley in Chile would be an excellent choice. Hot, firm and possessing a good nose.

### Black Bean and Shrimp Couscous
VARIG NO MUNDO
SÃO PAULO

8 king shrimps
1 1/2 liters water with 1 tablespoon salt
200g black beans soaked overnight in 2 liters of water
25g carrot (1/2 medium carrot)
25g onion (1/2 medium onion)
40g celery (1 stem)
20g leek (1/2 stem)
4 black pepper grains
salt and freshly ground black pepper to taste
50ml extra virgin olive oil (5 tablespoons)
1 raw cauliflower (1 small cauliflower)
100g blanched zucchini brunoise (only the very green skin)
10ml white wine vinegar (1 tablespoon)
160g firm, ripe, chopped, skinned, seedless tomatoes in cubes
fresh thyme sprigs for garnishing

Utensils required:
four 10 cm steel rings or other disposable material, fine sieve, non-stick frying pan, sprinkler, cotton cloth

1. Shell the shrimps. Keep the meat to one side, separate the heads and the shells and put them inside a well closed cotton cloth inside a saucepan with one and a half liters of water along with the carrot, the leek, the onion, the celery and the 4 grains of black pepper.
2. Add the beans, put the lid on the pan and cook until the beans are firm and cooked. Remove from heat, strain the beans and keep them in a heated place.
3. Remove the cotton cloth containing the shrimp heads and shells and throw them away. Strain the stock through a fine sieve.
4. Reduce the volume of the stock to 10%, leaving it clean and containing no impurities. Finally, add salt to taste and blend the stock with olive oil.
5. Cut the shrimps into 1cm cubes and sauté them for 2 minutes along with the cauliflower and zucchini in a hot non-stick frying pan containing olive oil. Shower with vinegar and allow to evaporate. Separate all the ingredients and keep warm.
6. Presentation: Mix the beans with the shrimps that have been sautéed along with the cauliflower and zucchini. Season with the olive oil, mixed into the reduced stock. Add the tomato. When all the ingredients have all been mixed in and are still warm, place them in the rings in the center of the plate. Remove the rings and drizzle all the ingredients of the recipe with the remaining shrimp olive oil. Garnish with a sprig of fresh thyme and serve.

*Wine:* An elegant Chardonnay from Central Otago, with a fine balance of freshness (contrasting with vegetables and shrimp) and alcohol content (to wash out the unctuosity of the olive oil and the succulence of the tomatoes), would add further sophistication to this recipe.

### Shrimps with Red Bean Sauce
VECCHIO SOGNO
BELO HORIZONTE

Flan:
150g shrimps – shelled and headless
salt and black pepper to taste
15g cognac (1 1/2 tablespoons)
30g onion (1 small onion)
2 eggs
1 white
220ml cream (1 tin)

Sauce:
200g red beans
500ml fish stock
1 liter water
1 sprig rosemary
110g onion (3 onions: 1 large and 2 small)
200g toasted shrimp heads
40g celery (1 stem)
25g garlic (5 cloves)
80ml extra virgin olive oil (8 tablespoons)
20 chopped ora-pro-nobis leaves

Utensils required:
blender, medium heat proof dish, food processor, 4 individual patty tins

169

Flan:
1. Season the shrimp with the salt, black pepper, cognac and onion in an heat proof dish. Next, blend the shrimp with the eggs and the egg white in a processor until a fine paste is obtained.
2. Put this paste back in the dish and place in a cold *bain-marie*. Gradually add the cream and season. Put the mixture in individual patty tins and bake in *bain marie* (120º)

Bean sauce:
1. Cook the beans with the drained fish stock, water, a sprig of rosemary and a small onion (30g). Next, blend the beans to a thick paste in the blender.
2. Prepare the shrimp bisque separately: Toast the shrimp heads in the oven. Next, boil for 1/2 hour with 1/2 liter of water and the remaining celery and half the large onion (around 50g). Drain and set aside.
3. In a separate pan, sauté the garlic and a small onion in 4 tablespoons of olive oil. Add the beans and shrimp bisque. Season to taste.
4. When serving, use the rest of the high quality olive oil and add the *ora-pro-nobis*, which has already been sautéed in olive oil
5. Presentation: Put the flan on the dish with the bean sauce around it. Drizzle with olive oil. Garnish with an *ora-pro-nobis* leaf.

*Wine:* A medium strength Borgonha white, with a good volume-freshness balance: a Saint-Aubin da Côte de Beaune.

### Navy Bean Cream with Bacon and Cavaquinhas
La Sagrada Familia
Rio de Janeiro

*500g navy beans*
*2 liters water*
*2 bay leaves*
*100g bacon*
*1 bunch of coriander*
*4.2 kg cavaquinhas (6 units of 700g)*
*50g garlic (10 cloves)*
*100ml extra virgin olive oil (10 tablespoons)*
*salt to taste*
*200g toasted manioc flour (2 cups)*

*Utensils required:*
*pressure cooker, sieve, blender*

1. Put the beans in a pressure cooker along with the water and the bay leaves. Cook the beans the traditional way in 3 liters of water until the beans are well cooked. Let it cool. Separate the beans from the stock using a sieve.
2. Blend the beans with part of the cooking stock in the blender. Add the stock gradually with the aim of obtaining a thick cream.

3. Dice the bacon and fry until its fat melts leaving it crispy. Keep to one side.
4. Wash and chop the cilantro. Keep to one side.
5. Remove the *cavaquinhas* from their shells. Wash and cut the *cavaquinhas* into medallions of 3cm thickness. Keep to one side.
6. Sauté 5 garlic cloves and half the olive oil. Let them brown and add the bean cream Stir well and add salt to taste. Add half the crispy bacon and 1 tablespoon of chopped cilantro. Stir.
7. In a different pan, sauté the remaining garlic (5 cloves) and the olive oil, when it browns, sauté the *cavaquinhas*.
8. Presentation: Pour the bean cream into the dish. Cover with a thin layer of toasted manioc flour. Arrange the medallions on top and garnish with the remaining crispy bacon and the chopped cilantro. Drizzle liberally with olive oil. Serve with crisp green salad, white rice and toasted manioc flour.
*Wine:* A Spanish Cava, gifted with a good olfactory volume and a certain austerity in the mouth, countering the sweet tendency of the bean cream and the shellfish.

### Shellfish and Bean Tacu Tacu
Wanchako
Maceió

Filling:
*30ml olive oil (3 tablespoons)*
*150g finely chopped red onion (3 medium onions)*
*200g skinned tomatoes cut into cubes (2 large tomatoes)*
*5g oregano (1 teaspoon)*
*1 pinch of salt*
*5g chopped cilantro (1 teaspoon)*
*20ml soy sauce (2 tablespoons)*
*400g mixed cooked seafood (shrimp, squid and octopus)*

Tacu tacu:
*30ml olive oil (3 tablespoons)*
*5g oregano (1 teaspoon)*
*200g cooked white beans*
*200g cooked rice*

*Utensil required:*
*non-stick frying pan*

Filling:
1. Heat 30ml of olive oil (3 tablespoons) over medium heat in a large pan. Add the red onion, the tomato, oregano and the salt and cook until the onion is transparent.
2. Turn up the heat and add the cilantro and the soy sauce. Cook. Remove from heat for 1 minute. Add the cooked seafood

and cook for a further 2 minutes. Remove from heat and put to one side.

Tacu tacu:
1. Pour enough olive oil to cover the bottom of a non-stick frying pan.
2. Heat the olive oil and add the oregano, rice and the cooked beans.
3. Cook over medium heat for 2 minutes, stirring all the ingredients.
4. After the rice and the beans have been mixed well, let them cook until a thick tortilla is formed. When the bottom of the tortilla starts to brown, put the filling in the middle using a large spoon. Gently fold the edges of the tortilla over the filling, opening it fully. Serve the tacu tacu on a hot dish.

*Wine:* The solution lies in the versatility of a Riesling from New Zealand, austere but vibrant.

## *Poultry & Meat*

### Caesar Park Feijoada
Galani
Rio de Janeiro

*1kg black beans*
*1/2kg salted pork*
*1/2kg salted pork cutlets*
*1 piece of pig's ear*
*1/2kg dried meat*
*1 piece of pig's foot*
*250g salted bacon*
*250g smoked bacon*
*1 piece of smoked cow's tongue*
*3 pieces of smoked sausage (linguiça de padre)*
*1/2 large orange*
*3 bay leaves*
*80g chopped onion (1 medium onion)*
*1 pinch of black pepper*
*30g garlic (6 cloves)*
*100g onion (1 large onion)*
*salt to taste*
*20ml oil (2 tablespoons)*

*Utensil required:*
*potato masher*

1. Soak the beans and the salted meats (pork, cutlets, pig's ear, jerked beef and pig's foot) for 24 hours. Change the water every 6 hours.
2. Put the now desalted meat plus a bit of bacon, fat, the tongue, sausage and beans in a large pan with enough water to cover them all. Add 1/2 orange, the bay leaves, the chopped onion and a pinch of black pepper. Cook everything on low heat, gradually removing the meat as they cook so they do not break up.

3. Sauté all the seasoning in 2 tablespoons of oil (garlic, onion and salt) in a separate pan until golden and stir into the cooked beans. To make the *feijoada* stock creamier, mash some of the beans using a wooden spoon or potato masher.
4. Serve with white rice, manioc flour, shredded kale, orange slices and chili.

Obs.:
1. If necessary, add water when cooking, only use boiling water.
2. The orange has a special flavor, in addition to making to *feijoada* more digestible.
3. It is always recommended to cook the *feijoada* slowly over a low heat, to avoid boiling too quickly, which could cause the meat to break up.
*Wine:* The new reds produced in the region of Dao, from the Touriga Nacional, Tinta Roriz and the Alfrocheiro Preto, potent and full of flavor, gifted with a enviable tannic and alcoholic body, persistent, possessing an indomitable character equal to our Brazilian *feijoada*.

### Feijoada de Capote
La Gondola
Teresina

*1 kg capote\* thigh and drumsticks cut into cubes*
*salt and freshly ground black pepper to taste*
*150g chopped tomatoes (1 1/2 medium tomatoes)*
*50g grated carrot (1 medium carrot)*
*50g chopped onion (1 medium onion)*
*15g minced garlic (3 cloves)*
*50g chopped pepper*
*chives to taste*
*coriander to taste*
*2 bay leaves*
*10g paprika (1 tablespoon)*
*125ml extra virgin olive oil (12 1/2 tablespoons)*
*200g sliced spicy smoked sausage (Portuguese Calabresa)*
*200ml white wine (1 glass)*
*1/2 liter water*
*500g white beans (left to soak overnight)*
*30g cornstarch*
*20g chopped parsley (2 tablespoons)*

1. Season the chicken with the following: salt, black pepper, tomato, onion, garlic, pepper, spring onion, coriander, bay leaf and paprika. Marinate for 2 hours.
2. Put the olive oil, chicken and sausage in a deep pan and sauté for 10 minutes. Add the wine and allow it to evaporate. Next, add half the water and the white beans, stirring them well. Bring to the boil for 1

hour 40 minutes and add the rest of the water till the chicken and beans are cooked.
3. Remove the bay leaves and if necessary add the cornstarch to thicken the stock.
4. Place the food on the dishes, sprinkle the chopped parsley and serve with white rice.

*Wine:* What a great combination with a Rioja Reserve from the traditionalist school, with its spicy and alcoholic nose, firm tannins and lingering aftertaste.

* "Capote" is the name given to the guinea hen in the Brazilian state of Piauí.

### Rabbit with Mixed Beans
Antiquarius
São Paulo

600g rabbit
100g chopped onion (1 large onion)
10g crushed garlic (2 cloves)
2 bay leaves
5g paprika (one teaspoon)
peppercorns, to taste
50g diced celery
200g diced carrot (2 large carrots)
100ml white wine (1/2 glass)
5 liters of water to cook beans
200g white beans
200g butter beans
30ml oil (3 tablespoons)

*Utensil required:*
sieve

1. Cut the rabbit into pieces. Season with onion, garlic, bay leaves, paprika and pepper. Add the celery, carrot and wine. Leave to marinate for 24 hours.
2. When the marinade is ready, cook the beans separately in 2 1/2 liters of water, the white beans for 1 hour and 30 minutes and the butter beans for 2 hours and 20 minutes.
3. Fry the rabbit pieces lightly in the oil and return to the marinade.
4. Cook the rabbit in the marinade until tender. Remover from the heat. Remove the rabbit from the sauce.
5. Strain the sauce, and add the rabbit, white beans and butter beans to the strained broth. Leave to boil for approximately 10 minutes. Remove from the heat when it is hot.
Serve immediately.

*Wine:* This succulent and inspiring rabbit hotpot calls for a Touriga Nacional, medium-aged: tannins still firm, but aroma already showing some evolution.

### Beans with Herbs and Dried Meat
Deck
Ilhabela

250g dwarf beans
2 liters water
2 bay leaves
15g garlic (3 cloves)
1/2kg jerked beef
200g red pepper (2 large peppers)
200g onion (2 large onions)
1 small bunch of parsley
100ml olive oil (10 tablespoons)
200ml of beef stock (1 glass)
fondor seasoning to taste

1. Cook the beans with the bay leaves and the garlic in 2 liters of water for 50 minutes. Keep to one side.
2. Parboil the jerked beef without salt, shred and keep to one side.
3. Slice the pepper and the onion julienne. Chop the parsley and dehydrate it. Keep to one side.
4. Sauté the olive oil, the pepper, the onion, dried meat, parsley, fumet and beans in a frying pan.
5. Serve hot, accompanied with boiled potatoes or white rice.

*Wine:* A young and rich Coteaux du Languedoc, with long aftertaste and sweet tannins.

### Guinea Hen Fricassee with Tocantins Mini Beans Sautéed in Port Wine Sauce
Cantaloup
São Paulo

400g guinea hen
25ml olive oil (2 1/2 tablespoons)
60g bacon
40g chopped red onion (1 medium-sized onion)
15g grated ginger (1 1/2 tablespoons)
40ml dry white wine (4 tablespoons)
150ml cream (15 tablespoons)
300g green mini-beans (Tocantins mini-beans)
1 liter of water to cook the beans
salt and pepper to taste
300ml Port wine (1 1/2 cups)
800g carrots, peeled (8 large carrots)
250ml meat water (1 glass)
50g butter (2 tablespoons)

*Utensils required:*
food processor, sieve

1. Bone the guinea hen and cut into small cubes. Over a high heat, toss in the olive oil.
2. Add the bacon, onion, ginger, white wine and cook until reduced.
3. Add the cream and reduce, seasoning with salt and pepper.
4. Cook the beans in the water. When cooked, toss in the olive oil and season to taste with salt and pepper.
5. Reduce the Port wine and set aside.
6. Put a glass of water and the carrot in the pan in which the guinea hen was tossed. Finely chop in the food processor.
7. Sieve and reduce the carrot sauce, then stir in the butter to glaze.
6. Presentation: Line the bottom of the plate with a layer of beans. Top with the guinea hen fricassee and finish with the carrot sauce and the Port wine sauce.

*Wine:* A rich dish that becomes even more sophisticated when escorted by a New Zealand Syrah, intense and full nose, hot to the taste, but perfectly balanced in terms of freshness.

### White Beans with Tripe
Dona Derna
Belo Horizonte

350g white beans
50g peeled garlic (10 cloves)
3 sage leaves
2 pig's feet cut in half
650g clean tripe
30g onion (1 small onion)
2 bay leaves
salt and freshly ground black pepper to taste
10ml olive oil (1 tablespoon)
50g chopped carrot (1 medium carrot)
50g chopped onion (1 medium onion)
40g celery (1 stem)
20g chopped leek (1/2 stem)
1/2 sliced, skinned cooking sausage
500g ripe tomatoes (5 large tomatoes)
50g bread crumbs (1/2 cup)

*Utensils required:*
colander, 4 heatproof medium-sized bowls

1. Soak the beans for 4 hours in 3 liters of water. Put on medium heat to boil. Remove from heat when starts to boil.
2. Drain off the water and froth, cover the beans with cold water and put the pan back on the stove to heat. Add 25g garlic (5 cloves) and the sage leaves. Let cook until *al dente*. Keep to one side.
3. In separate pans, cook the pig's feet and the tripe along with the onion, bay leaves and the remaining garlic in plenty of water. Season with black pepper to taste.
4. When everything is cooked, sauté in olive oil the carrot, onion, celery and leek in a large pan.
5. Add the tripe, the pig feet and the cooking sausage. Sauté for a few minutes. Add the tomato and cook for 15 minutes. Add the white beans. Add salt and the pepper to taste. Add bean stock until the desired consistency has been obtained. Cook until the beans are soft. Next, divide the content into the heatproof bowls, sprinkle with breadcrumbs and put in the oven until it golden.

*Wine:* A robust, sapid Sangiovese with a considerable tannin, strong alcohol volume, olfactory intensity and persistence, a Brunello di Montalcino.

### Rancher's Beans and Duck Confit
Guimas
Rio de Janeiro

Duck:
5kg duck (2 ducks of 2 1/2 kg each)
20g rosemary sprig (2 tablespoons)
40g rock salt (1/2 cup)
10g black pepper
5g coriander (1 tablespoon)
2 bay leaves
15g fresh thyme (1 heaped tablespoon)
30g peeled garlic (7 cloves)
40g celery (1 stem)
1kg lard

Beans:
50g carrot (1 medium carrot)
40g celery (1 stems)
100g onion (1 large onion)
40g bacon
320g red kidney beans
150g smoked spicy (Portuguese calabresa) sausage
150 boned pig's foot
2 liters water
2 whole eggs
10ml cream (1 tablespoon)
10g garlic (2 cloves)
20g chopped parsley (2 tablespoons)
30g chives (3 tablespoons)
50g manioc flour (1/2 cup)
salt and black pepper to taste
2g cardamom seeds (1 level coffee spoon)
20g parsley sprig
1 bay leaf

*Utensils required:*
chinois sieve, colander, blender, sieve

The night before:
1. Soak the beans in water.
2. Leave the pig foot in water to remove the salt.
3. Cut the duck. Separate the thighs and the breast (leaving the bone). Season with all the ingredients and marinate.
4. Melt the duck fat with the lard, put through the chinois and refrigerate.

1. Put the duck thighs and breast in 2 separate pans. Cover each pan with the duck fat and cook slowly, on low heat for 2 1/2 hours until the meat is very tender, but is not breaking up.
2. Cut the carrot and celery into 0.5cm cubes. Do the same with the bacon and bring it to the boil for 5 minutes. Refrigerate and set aside.
3. In a different pan, sauté the vegetables with a little duck fat and add the sausage, the beans and the pig foot. Add 2 liters of water and let cook until the beans are al dente.
4. Let stand for one hour so that the beans soften, but are still consistent.
5. Whilst cooking the beans, sauté the bacon and set aside. Prepare the scrambled eggs the usual way, adding a splash of cream. Set aside. Chop the garlic, parsley and chives and set aside.
6. When the duck is done, remove the fat, allow to cool a little, remove the bones, remove the skin from the thighs and shred the meat. Remove the bones from the breast too, leaving it whole. Keep warm.
7. Sauté the garlic and the bacon in a large frying pan with a little duck fat. Strain the beans and its garnish and refrigerate as well. Sauté everything together stirring slowly.
8. Add the shredded thigh meat, the scrambled eggs and finally the manioc flour, parsley and the chives. Add salt and the pepper to taste and set aside.
9. Grill the duck breast along with the thinly sliced sausage in a separate frying pan.
10. Presentation: Before serving, check that the rancher's beans are not too dry. Add a little bean stock, if necessary. Put the beans in the center of the plate and place the grilled duck breast on top, and garnish with the slices of sausage. Blend the cardamom seeds in the blender, sieve them and sprinkle them on the plate.

*Wine*: A dish rich in spices and aromatic herbs and generous in lipids cries out for a potent and ample red, rustic and persistent wine, such as a Aglianico da Campânia, rich in minerals that honor its volcanic origins.

### Bean Fricassee
TASTE VIN
BELO HORIZONTE

*500g fresh white beans*
*50g pigskin cut into pieces*
*1/2 pig's foot cut in half*
*1 bouquet garni*
*2 crushed sprigs of rosemary and basil*
*15g peeled sliced garlic (3 cloves)*
*100g onion pricked with cloves (1 large onion)*
*150g roughly chopped carrot (1 1/2 large carrots)*
*10g finely chopped echalotes (2 echalotes)*
*50 lightly smoked pork belly cut into cubes*
*20g duck fat (2 tablespoons)*
*175ml dry white wine (1 1/2 full glasses)*
*250g finely chopped carrot (2 1/2 carrots)*
*300g skinned, seedless, ripe, chopped tomatoes (3 large tomatoes)*
*175ml chicken stock made at home (1 1/2 full glasses)*
*175ml beef or veal stock made at home (1 1/2 full glasses)*
*salt and black pepper to taste*
*20g parsley (1/4 bunch)*

*Utensil required:*
*colander*

1. Put the beans in a pan and cover them with cold water. Put on the stove and when the water boils, remove from heat and drain off the water.
2. Put the pigskin, trotter, *bouquet garni*, herbs, garlic, onion, clove and the roughly chopped carrot in the same pan as the beans. Cover with water and cook over low heat for 1 hour. Lightly salt at the end. Remove the seasoning (the *bouquet garni*, the herbs, the onion and the carrot). Chopped the pig foot up, throw the bone away and put back in the beans.
3. Sauté the echalotes, the garlic and the pork belly in the duck fat in a large saucepan. Add the wine and let it evaporate. Add the finely chopped carrot and the tomato. Cover with the stock. Put the beans in and cook slowly until done. Season with salt and black pepper.
4. Finely chop the parsley and sprinkle over the dish upon serving.

*Wine*: This Fricassée is perfectly countered by a grand Premier Cru de Gevrey Chambertinm such as the Clos St. Jacques, rigorous and telluric.

### Rice with Fresh Fava Beans and Beef
ARÁBIA
SÃO PAULO

*150g chopped onion (3 medium-sized onions)*
*200ml oil (20 tablespoons)*
*10g garlic, crushed with a pinch of salt (2 cloves)*
*300g fava beans*
*2 liters of water*
*500g ground or chopped beef (preferably chuck steak)*
*350g rice, washed and drained (3 1/2 cups)*
*salt to taste*
*5g Syrian pepper*

1. Fry the onion in half the oil until golden. Add the garlic and the fava beans and fry together for a further 5 minutes.
2. Add the water, bring to the boil and simmer until cooked.
3. Separately, fry the ground beef in the remaining oil. Add the rice and mix together with the cooked fava beans. Add 1 liter of water to cook the rice. Season with salt and Syrian pepper and leave to simmer until the meat is cooked.
4. Serve hot, accompanied with fresh curd cheese.

*Wine:* A young red wine, with a Moorish accent, smooth and intense aroma, such as a Spanish Jumilla, particularly of Monastrell stock.

### Green Bean Hamburger
BEIJUPIRÁ
PORTO DE GALINHAS

*100g shredded jerked beef*
*50g butter (2 tablespoons)*
*800g cooked and minced green beans*
*20g chopped fresh coriander (2 tablespoons)*
*10g fried garlic (1 dessertspoon)*
*oil for frying the hamburgers*
*fresh cream to garnish*

*Cashew-fruit sauce:*
*5ml cashew-fruit juice (1 teaspoon)*
*5ml water (1 teaspoon)*
*5ml Karo syrup (1 teaspoon)*
*5g cornstarch (1 teaspoon)*
*5g sugar (1 teaspoon)*

1. Fry the jerked beef in the butter and set aside.
2. Mix together the cooked green beans, the coriander and the garlic until it forms a smooth dough. Shape the hamburgers.
3. Fry the hamburgers in hot oil until golden.
4. In a separate small saucepan combine the ingredients of the cashew-fruit sauce and boil down to a consistency of honey.
5. To serve: Place the fried hamburger on a plate and top with the jerked beef. Then drizzle the cashew-fruit sauce over the hamburger. If liked, garnish with a spoon of fresh cream.

*Wine*: For this creative dish, of such Brazilian flavors, we suggest a Chilean Carmenère of medium strength, good smoothness and rounded tannins.

### Pinto Bean Bundles
DIVINA GULA
MACEIÓ

*100g pinto beans*
*600ml water (3 cups)*
*100g lean sun-dried beef*
*30g whole onion (1 small onion)*
*5g garlic (1 clove)*
*16 chives leaves*
*10g chopped parsley, without the stalks (1 tablespoon)*
*50g seedless, chopped tomatoes (1/2 large tomatoes)*
*50g onion cut in cubes (1 medium onion)*
*50ml extra virgin olive oil (5 tablespoons)*
*30ml lime juice (3 tablespoons)*
*salt and freshly ground black pepper to taste*
*6 coriander seeds*
*12 kale leaves*
*1 pinch of bicarbonate*
*100ml olive oil (1/2 cup)*
*30ml mustard (1 tablespoon)*
*50ml vinegar (1 tablespoon)*

*Utensils required:*
*cutting rings of 15cm diameter, colander*

1. Put the beans on the stove in a casserole dish with 300ml of water. Cook until soft, but of firm consistency. Drain, rinse in cold water and keep to one side.
2. In a casserole dish, put the sun-dried beef, 300ml of water and the whole onion. Cover and heat. Let cook until it starts to come apart, replacing the water if required. Remove from the pan and allow to cool. Next, shred the meat, removing the skin. Keep to one side.
3. Cut half of the chives in small slices. Stir the parsley, shredded meat, tomato, onion cubes and chopped garlic in with the beans. Drizzle with the limejuice and the olive oil. Season with the salt, coriander seeds and the black pepper. Keep to one side.
4. Wash the kale leaves and drain them. Using 15cm diameter cutting rings, cut circles in the leaves, using the parts with less fibers. Blanche the kale discs in boiling water for 30 seconds. To achieve a better shade of green, add a pinch of bicarbonate to the water. Remove them and put them on a chopping board to cool.
5. Cut strips out of the remaining chives, cutting them in the longitudinal direction.
6. Presentation: Put the bean mixture in the center of each kale disk. Close them into a bundle and tie securely with the chives. Refrigerate for 10 minutes. Mix the olive oil, mustard and vinegar in a container. Arrange three bundles on each plate, forming a triangle. Drizzle each one with a teaspoon of sauce, also drizzling the base of the dish with a few drops to decorate. Then serve.

*Wine:* An Argentinean Melbec from the high vineyards is recommended, medium bodied, great olfactory volume and aftertaste.

### Meat and Red Bean Risotto Mix
IL TRAMEZZINO DI PAOLO
NOVO HAMBURGO

180g red beans
900ml boiling water
50g butter (2 tablespoons)
20ml olive oil (2 tablespoons)
225g lean turkey cut into strips
4 pork sausages cut into slices
40g bacon
100g finely chopped onion (1 large onion)
400g arborio rice (4 cups)
1 liter chicken stock
salt and freshly ground black pepper to taste
100g mirtilli parsley (10 tablespoons)
sage, fresh green herbs and rosemary (finely chopped) to taste

1. Soak the beans overnight in water.
2. The following day, wash the beans well in running water. Drain well.
3. Cook for the beans for 1 hour 40 minutes in a pan with 900ml of boiling water. Set aside.
4. Melt the butter and the olive oil in another pan. Add the turkey, sausages, bacon and fry over low heat for 2 minutes, stirring continuously so that the meat is evenly browned.
5. Add the onion and let it soften. Add the rice and brown it for 2 minutes.
6. Heat the chicken stock. Moisten the rice with a ladle of chicken stock and one of bean stock. Cook on low heat until it thickens, stirring continuously.
7. Pour in the remaining bean and chicken stock. Season with salt and pepper. Add the mirtilli parsley too. Repeat this step as many times as necessary until the cooking is complete.
8. Sprinkle the risotto with sage, the fresh green herbs and the rosemary. Then serve.

*Wine:* A South African Pinotage, with an intensely fruity aroma, and hot and smooth in the mouth.

### Shredded Jerked Beef with Green Bean and Pumpkin Risotto
SAGARANA
JOÃO PESSOA

75g butter (3 tablespoons)
130g chopped onion (1 large and 1 small onion)
300g Arborio rice (3 cups)
150ml dry white wine (3/4 glass)
1 liter chicken stock
30g freshly grated Parmesan cheese (3 tablespoons)
30g chopped cilantro (3 tablespoons)
100g cooked pumpkin, roughly mashed
100g cooked green beans
salt to taste
400g shredded jerked beef

1. Melt a tablespoon of butter in a pan. Sauté 1/2 a medium onion until it starts to brown. Add the rice and fry for a while. Add the white wine and let it evaporate. Stir and gradually add a cup of chicken stock. Keep stirring. Repeat this step several times until the rice is cooked *al dente*.
2. Add the grated Parmesan cheese, cilantro, precooked pumpkin to the *al dente* rice and then add the precooked green beans. Remove from heat and add another tablespoon of butter. Add salt to taste. Simultaneously add the remaining butter and a small chopped onion. Let it brown. Add the shredded jerked beef and fry until its cooked. Serve the risotto with jerked beef and the rest of the sliced medium onion.

*Wine:* The alcoholic warmth of a Cabernet Sauvignon from Maipo and its potent aromas of fruit and wood respectively, clean the palate of unctuousness from the risotto and absorb the olfactory impact of the jerked beef.

## Desserts

### Nakazuki
NAKOMBI
SÃO PAULO

200g azuki *beans*
1 liter water
750g sugar
200g plain flour (2 cups)
10g powdered yeast (2 heaped teaspoons)
50g butter (2 tablespoons)
1 egg yolk
5ml green tea liquor (1 teaspoon)
1g matchá (powdered green tea)
1/5 natural gelatin sheet
20ml milk (2 tablespoons)
15g icing sugar (1 1/2 tablespoon)

Utensils required:
pressure cooker, colander, sieve, blender, whisk. 24 small round patty tins, soda siphon

Bean cream:
1. Soak the beans for 4 hours in 1/2 liter of water. Cook in a pressure cooker for 45 minutes or in a normal pan for 3 and a half hours.
2. Drain the beans and keep the liquid in which it was cooked. Add water to make a total of 1 liter. Remove 600ml and put it in the pan with the beans. Add 400g of sugar. Cook over a medium heat until the syrup thickens. Add the remaining 400ml and 200g of sugar and reduce it once again. Remove from heat and allow to stand for 30 minutes. Strain. Keep the syrup and half the beans. Blend the other half of the beans in the blender with a little syrup until it has a cream-like consistency. Put the remaining syrup on the stove and mix in the blended beans which had been put to one side with it. Cook on low for a further 15 minutes.

Balls:
1. Mix the flour, yeast, 100g of sugar, butter and the yolk in a separate bowl. Stir using a whisk, adding 150ml of water gradually until a consistent cream-like mixture is formed. Grease small tins with butter and put the dough to cook for 25 minutes in *bain marie*.

Green tea cream:
1. Dilute the *matchá* in the liquor. Stir until consistent. Hydrate the gelatin in cold water. Then, squeeze and dissolve it in the heated milk. Add the icing sugar and the *matchá* with liquor. Put it in the siphon (used for whipped cream) and refrigerate for at least 1 hour.
2. Presentation: Fill a dessert dish halfway with the bean cream. Add six balls. Shake the siphon well and then use it to make a covering of green tea cream.

*Wine:* A fabulous, sweet, exotic wine to go with this challenging dessert: a Gewürztraminer Sélection de Grains Nobles, from the Alsace.

### Sweet White Bean Puree
ROANNE
SÃO PAULO

1 liter water
300g white beans
1 clove
1 strip of cinnamon
1/2 vanilla bean
200g peeled sweet potato
500ml milk (2 1/2 glasses)
200g of sugar (2 cups)
100ml water (1/2 cup)

Utensils required:
colander, fine sieve

1. Cook the white beans in 1 liter of water with the clove, cinnamon and vanilla until the beans are soft. Drain and fine sieve. Keep to one side in a *bain-marie*.
2. Cook the sweet potato in the milk. Drain and fine sieve. Also keep to one side in a bain-marie.
3. Put the water and sugar in another pan. Boil until a thick dark caramel is formed.
4. Add the bean puree to the sweet potato and the caramel. Stir well. At the end, the puree will present a consistency similar to that of chestnut puree. Serve warm and if desired on a slice of French toast or with vanilla ice cream.

*Wine:* A Monbazillac will give greater amplitude of taste and aroma to the cream, making it even more delicious through its charming acidity.

### Beans Crêpe with Orange Syrup
RUELLA
SÃO PAULO

Filling:
200g red kidney beans
20g sugar (2 tablespoons).
20g honey (2 tablespoons)

Syrup:
300g sugar (2 cups)
250ml strained orange juice (1 full cup)
60ml Grand Marnier liquor (6 tablespoons)
20g grated orange peel (1 teaspoon)

Crepes:
1 egg
90ml milk (9 tablespoons)
100g plain flour (1 cup)
5g sugar (1 teaspoon)
5ml oil (1 teaspoon)

Utensils required:
strainer

Filling:
1. Cook the beans with 2 tablespoons of sugar in a little water for 1 hour and 20 minutes.
2. Throw the water away and mash the beans until a paste is formed. Stir the honey into this paste and set aside.

Syrup:
1. Caramelize the sugar until it is golden brown. Add the orange juice and boil for 20 minutes continuously stirring until a thin syrup is formed. Remove from heat.
2. Add the liquor and the grated orange peel. Set aside.

Crepe:
1. Blend all the ingredients (apart from the oil) in the blender.
2. Fry in a frying pan greased with hot oil using a ladle.
3. Turn carefully and fry the other side.

Presentation:
1. Open the crepes. Fill with 1 teaspoon of bean paste. Close each crepe making a triangle shape.

2. Pour the orange syrup on top. Serve with a ball of cream ice cream.

*Wine:* The orange syrup is the real star of this dessert and begs for a Fior d'Arancio do Colli Euganei, from the Moscato de Alessandria lineage giving a more than perfect olfactory match.

### Bean Pudding with Apple and Raisins
LA SAGRADA FAMILIA
NITERÓI

100g white beans
2 whole eggs
1 yolk
125ml milk (1 cup)
40g sugar (4 tablespoons)
155g red apple (1 large apple)
50g dark raisins
150g sugar to caramelize the patty tins (1 cup)

*Utensils required:*
pressure cooker, eight 80ml aluminum patty tins, sieve, blender, steel whisk

1. Cook the beans in 1/2 of water in a pressure cooker without any seasoning until the beans are well cooked. Let it cool.
2. Separate the beans from the stock using a sieve.
3. Blend the beans in the blender with up to 100ml of cooking stock. Add the stock gradually with the aim of obtaining a thick cream.
4. Transfer the cream to a jug and add the milk, eggs, yolk and the sugar. Stir well using a steel whisk. Keep to one side.
5. Peel the apple, remove the core and cut into 8 equal parts. Then cut the apple pieces into triangles.
6. Caramelize the aluminum patty tins with the 150g of sugar.
7. Lay the chopped apple and the raisin at the bottom of the patty tins. Add the bean cream and bake in bain marie for 45 minutes. Turn out and serve whilst hot.

*Wine:* Apart from the fact that the sweetness of the pudding must agree with the level of sweetness of the wine, we have a situation in which the strength of the wine is not as important as a good dose of acidity and/or effervescence, such as that offered by a Moscato d'Asti.

### Bean and Banana Roll
SUSHI GARDEN
RIO DE JANEIRO

50g *azuki* beans
150g shelled peanuts
160g sugar (1 cup and 1 tablespoon)
4 ripe bananas (4 large bananas)
4 units of *harumaki* (Bought ready to eat)
1 liter soya oil
4 balls of cream ice cream

*Utensils required:*
blender, kitchen towel

1. Put the *azuki* beans in a pan and cover them with water till the surface of the water is about an inch above the beans. Add water as required, so as not to let the water completely boil off. Cook the beans well until they break up.
2. Add 1 tablespoon of sugar and cook for a further 10 minutes until the paste is even. Keep to one side.
3. Toast the peanuts in the oven. Remove, allow to cool and blend in the blender along with a cup of sugar to make the peanut brittle. Keep to one side.
4. Take the bananas, still in their skins, and cut off both ends of each one. Make a longitudinal cut (in a V shape), removing a slither of banana. Fill with beans until the whole cut is covered.
5. Remove the banana skins and roll them in the *harumaki* paste. Put the banana fold the edges of the pastry inwards and then stop rolling so that the pastry covers the entire banana.
6. Pour enough oil to cover the banana in a frying pan. Fry in the hot oil until the pastry is a caramel color. Remove the roll from the oil, dry it in kitchen towel and cut each one into six slices.
7. Presentation: Put the six slices around the edges of the dessert dish. Sprinkle two tablespoons of peanut brittle and place a ball of cream ice cream in the center of the banana slices.

*Wine:* The decisive presence of the toasted peanuts demands a crianza wine, semi-dry and sapid, and the fried banana suggests a wine strong in volume. Go for a Amontillado Sherry.

### Bean Samosa
DA SILVA
RIO DE JANEIRO

*Pastry:*
250g plain flour (2 cups)
50g butter or margarine (2 tablespoons)
1 pinch of salt
1 1/2 liters water

*Filling:*
25g almonds
100g cooked white beans
6 eggs
6 yolks
500g sugar (3 full cups)
100ml water (1/2 cup)
flour and sugar to sprinkle on the pastry

*Utensils required:*
1 dry cloth, 1 wet cloth, grater, sieve, somosa moulds, rolling pin

*Pasta:*
1. Put the flour in a bowl. Add the melted butter, a pinch of salt and the water.
2. Work the dough until it forms a ball.
3. Cover the dough with a dry cloth and place a wet cloth, well wrung out, over it.
4. Allow the pastry to stand for a while.

*Filling:*
1. Peel the almonds and then grate them.
2. Push the beans through the sieve until to puree.
3. Add the grated almonds to the puree and add the whole eggs and sieved yolks.
4. Heat the sugar (115°C) with a little water and allow to boil until it reaches hard ball point and forms threads.
5. Add the syrup to this mixture of beans, almonds and eggs. Stir will. Let it cool.
6. Open the pastry with a roller until it is very thin.
7. Line the patty tins and insert the filling. Sprinkle a little flour and then sugar.
8. Put in a hot oven (222°C) for 25 minutes.
9. Serve hot or cold.

*Wine:* The freshness provided by the Furmint cast of a Hungarian Tokai is the heart of this harmonization, also successful in the degree of sweetness (a Tokai of three or at most four *puttonyos* and in the aromatic profile of the wine).

### Bean Tartlets
MISTURA FINA
RIO DE JANEIRO

*Pastry:*
175g room temperature, salt-free butter (7 tablespoons)
125g icing sugar (1 shallow cup)
125g cashew-nut flour (1 shallow cup)
1 egg
250g plain flour (2 1/2 cups)

*Filling:*
300g white beans
1/2kg sugar
250ml water (1 full glass)
150g well ground cashew-nut flour
10 beaten yolks
sugar with rosemary for sprinkling
fresh rosemary for garnishing
butter to grease the tart patty tins

*Utensils required:*
rolling pin, plastic film, 24 tartlet patty tins, colander, food processor, scales, whisk

*Pastry:*
1. The night before mix the butter, sugar, cashew-nut flour and the egg in a bowl. Stir the ingredients with a wooden spoon, without beating.
2. Add the plain flour so that a consistent and soft dough is formed. Wrap the mixture in plastic film and refrigerate. The following day, use a rolling pin to roll the dough between two sheets of plastic film, sprinkled with plain flour.
3. Grease the tartlet tins with butter. Afterwards, line them with the dough and refrigerate whilst the filling is being prepared.

*Filling:*
1. Put the beans in a pan, cover them with water and put them on the stove to cook. When cooked, drain well. Then, put the beans in the food processor adding some cooking water if necessary, so as to make a puree. Weigh out 500g of the puree and set aside.
2. Prepare a syrup, to the hard ball stage and forms threads, using the sugar and water. Add the 150g of chopped cashew-nuts and the 500g of white bean puree to the syrup, stirring with a wooden spoon on a low heat until the mixture forms a smooth paste and leaves the sides of the pan clean. Remove from heat and allow to cool.
3. Add the beaten yolks and heat on a low flame once again. Stir for a further 2 or 3 minutes. Allow to cool, and then fill the tartlets.
4. Bake the tartlets in a medium oven (180°C) for 25 minutes or until they become lightly golden in color. Allow to cool, remove from the tins and sprinkle with sugar perfumed with rosemary.

*Wine:* Late crop, sweet wines of several origins, provided that they are from insect-free grapes or aromatic lineage.

# Relação dos Restaurantes Associados

**ALAGOAS**

Akuaba
Tel.: (82) 325-6199

Divina Gula
Tel.: (82) 235-1016

Wanchako
Tel.: (82) 327-8701

**AMAPÁ**

Cantina Italiana
Tel.: (96) 225-1803

**CEARÁ**

Moana
Tel.: (85) 263-4635

Marcel
Tel.: (85) 219-7246

**DISTRITO FEDERAL**

Alice
Tel.: (61) 368-1099

**ESPÍRITO SANTO**

Oriundi
Tel.: (27) 3227-6989

Papaguth
Tel.: (27) 3324-0375

**MATO GROSSO DO SUL**

Fogo Caipira
Tel.: (67) 324-1641

**MINAS GERAIS**

A Favorita
Tel.: (31) 3275-2352

Dona Derna
Tel.: (31) 3225-8047

La Victoria
Tel.: (31) 3581-3200

Splendido Ristorante
Tel.: (31) 3227-6446

Taste Vin
Tel.: (31) 3292-5423

Vecchio Sogno
Tel.: (31) 3292-5251

Viradas do Largo
Tel.: (32) 3355-1111

Xapuri
Tel.: (31) 3496-6455

**PARÁ**

Dom Giuseppe
Tel.: (91) 241-1146

Lá em Casa
Tel.: (91) 223-1212

**PARANÁ**

Boulevard
Tel.: (41) 224-8244

Famiglia Caliceti-Bologna
Tel.: (41) 223-7102

**PERNAMBUCO**

Beijupirá
Tel.: (81) 3552-2354

Chez Georges
Tel.: (81) 3326-1879

Garrafeira
Tel.: (81) 3466-9192

Kojima
Tel.: (81) 3328-3585

Oficina do Sabor
Tel.: (81) 3429-3331

Quina do Futuro
Tel.: (81) 3241-9589

**RIO DE JANEIRO**

Banana da Terra
Tel.: (24) 3371-1725

Borsalino
Tel.: (21) 2491-4288

Carême Bistrô
Tel.: (21) 2226-0093

Casa da Suíça
Tel.: (21) 2252-5182

Emporium Pax
Tel.: (21) 2559-9713

Esch Cafe (Centro)
Tel.: (21) 2507-5866

Esch Cafe (Leblon)
Tel.: (21) 2512-5651

Galani
Tel.: (21) 2525-2525

Giuseppe
Tel.: (21) 2509-7215

Gosto com Gosto
Tel.: (24) 3387-1382

La Sagrada Familia
Tel.: (21) 2252-2240

Locanda della Mimosa
Tel.: (24) 2233-5405

Margutta
Tel.: (21) 2259-3887

Mistura Fina
Tel.: (21) 2537-2844

O Navegador
Tel.: (21) 2262-6037

Parador Valência
Tel.: (24) 2222-1250

Pax
Tel.: (21) 2522-8009

Quadrifoglio
Tel.: (21) 2294-1433

Rancho Inn
Tel.: (21) 2263-5197

Sawasdee
Tel.: (22) 2623-4644

Sushi Leblon
Tel.: (21) 2274-1342

**RIO GRANDE DO SUL**

Calamares
Tel.: (51) 3346-8055

La Caceria
Tel.: (54) 286-2544

Taverna Del Nonno
Tel.: (54) 286-1252

**SANTA CATARINA**

Bistrô D'Acampora
Tel.: (48) 235-1073

**SÃO PAULO**

Amadeus
Tel.: (11) 3061-2859

Arábia
Tel.: (11) 3061-2203

Cantaloup
Tel.: (11) 3078-9884

Ilha Deck
Tel.: (12) 3896-1489

Empório Ravioli
Tel.: (11) 3846-2908

Ludwig
Tel.: (12) 3663-5111

Marcel (Brooklin)
Tel.: (11) 5504-1604

Marcel (Jardins)
Tel.: (11) 3064-3089

Nakombi
Tel.: (11) 3845-9911

Vila Bueno
Tel.: (19) 3867-3320

Vinheria Percussi
Tel.: (11) 3088-4920

**SERGIPE**
La Tavola
Tel.: (79) 211-9498

**VARIG NO MUNDO**
Tel.: (21) 3814-5859

Associação dos Restaurantes da Boa Lembrança
Tel.: (81) 3463-0351
www.boalembranca.com.br

## Conheça os outros títulos da Coleção Aromas e Sabores da Boa Lembrança!

### Edição Luxo

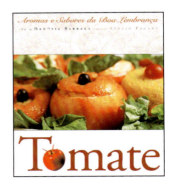  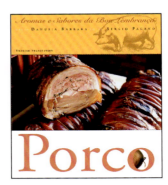 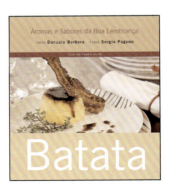

### Versão Pocket

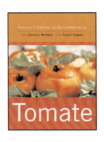 

Para conhecer a história, os restaurantes, a galeria de pratos, os projetos e eventos da Associação dos Restaurantes da Boa Lembrança, visite www.boalembranca.com.br. Acesse também o *site* do Clube do Colecionador em www.clubedocolecionador.com.br.

Visite www.rj.senac.br/editora e escolha os títulos que mais te apetecem. Faça da sua leitura um passatempo e um aprendizado inebriantes.

Disque Senac Rio: (21) 3138-1000

---

Este livro foi composto nas tipologias Adobe Garamond, Helvetica Neue e Snell Roundhand e impresso em papel Couché fosco 150g/m², nas oficinas da Pancrom, no mês de março de 2006, para a Editora Senac Rio.

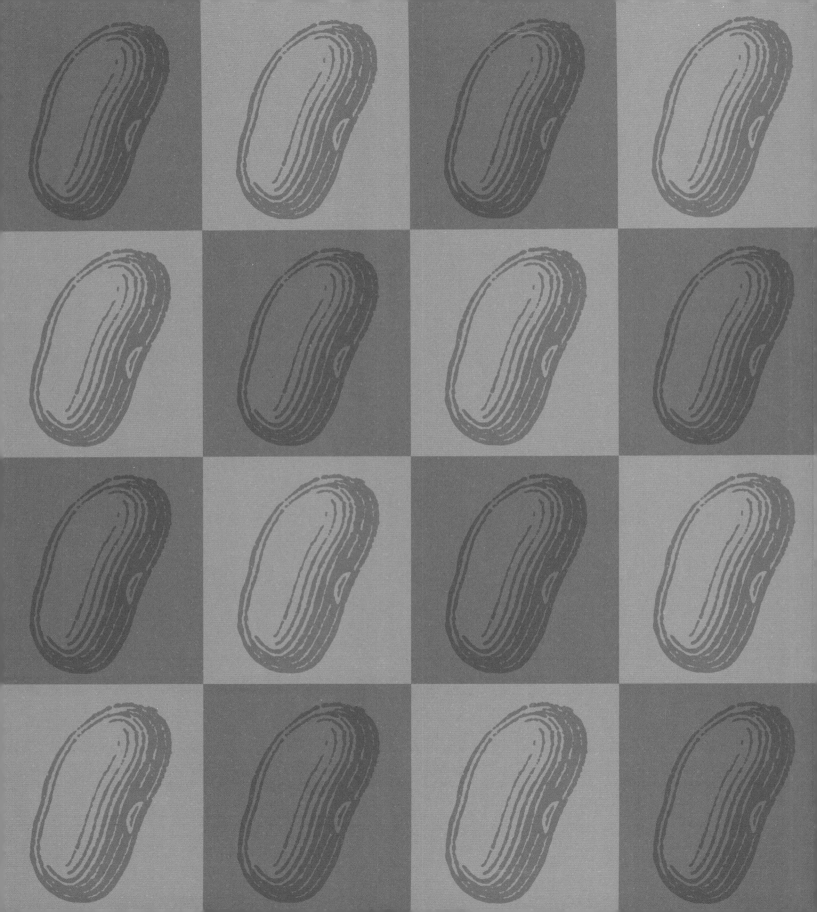